罗耀先●主编

知名早教幼教专家、“零岁方案”主持专家

亲子游戏每天一个

中国人口出版社
China Population Publishing House
全国百佳出版单位

图书在版编目（CIP）数据

亲子游戏每天一个／罗耀先主编．—北京：中国人口出版社，2014.7

ISBN 978-7-5101-2625-3

Ⅰ.①亲… Ⅱ.①罗… Ⅲ.①婴幼儿－游戏－基本知识 Ⅳ.①G613.7

中国版本图书馆CIP数据核字（2014）第133512号

精选的益智游戏大集合
陪孩子开心的好帮手

亲子游戏每天一个

罗耀先 主编

出版发行	中国人口出版社
印　　刷	北京世汉凌云印刷有限公司
开　　本	710×1020 1/16
印　　张	14
字　　数	140千字
版　　次	2014年11月第1版
印　　次	2014年11月第1次印刷
书　　号	ISBN 978-7-5101-2625-3
定　　价	29.80元
社　　长	陶庆军
网　　址	www.rkcbs.net
电子信箱	rkcbs@126.com
电　　话	(010)83519390
传　　真	(010)83519401
地　　址	北京市西城区广安门南街80号中加大厦
邮　　编	100054

前言 PREFACE

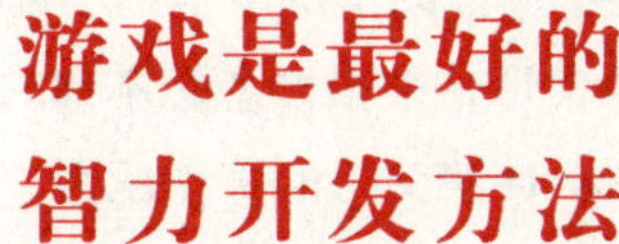

游戏是最好的智力开发方法

1. 和孩子游戏：生命中最珍贵的时光

游戏玩乐，是孩子的天性，也是孩子认识世界的途径。

无论人们出于多么美好的动机和愿望，都不应该剥夺孩子们玩的权利和乐趣，这将不利于孩子们认识世界和增长智慧。

在家庭生活中，若问什么是最令人陶醉的幸福情景，相信父母们都会津津乐道：和孩子欢快嬉戏是最快乐的情景。

其实，这也是生命中最值得回忆的、最有价值的时光！

让我们珍惜这稍纵即逝的宝贵时光吧！它是属于你们的，更是属于孩子的。

2. 游戏的作用：益智、亲情、快乐尽在其中

- 促进宝宝的体能发展，从而促进身体健康生长。
- 激发宝宝的求知欲、创造力、想象力和思维能力。
- 有助于父母与孩子之间进行情感交流、密切亲子关系。
- 让宝宝在亲子游戏中获得正确处理事物的态度、方式、方法，并尝试将这种态度、方式、方法转移到现实生活中去。
- 给宝宝提供更多感受快乐的经验，避免宝宝因缺少同伴而产生的孤独感。

● 与宝宝游戏时，父母可以及时发现宝宝的兴趣、特点，并据此及时调整教养方案，更好地挖掘宝宝的潜能。

● 与宝宝游戏时，父母可以针对宝宝接触到的事物，因势利导地进行教育，帮助宝宝在轻松愉快的氛围中不知不觉地获得许多知识。

● 亲子游戏还会给父母带来很多意想不到的收获，比如，和宝宝游戏时，宝宝的良好情绪会冲淡父母的工作压力，缓解父母的不良情绪，帮助父母回忆童年时光、回味人生真谛。

3. 宝宝都是天才：不要埋没了!

宝宝都是天才，缺少的是去发掘出来，更多的是被埋没掉了!

研究发现，0～3岁是宝宝发育最快、最关键的时期。宝宝的吸收能力超强，他们对所给予的教育性刺激的理解或接受的能力，有时连我们都难以理解。尽管孩子之间存在个性差异，但只要父母有心，他们都可以成为天才 !

条条大道通罗马。让宝宝在游戏中越玩越聪明，是成长的一条快乐大道。在游戏中加以科学引导，对宝宝心智的开发十分有益。用心设计游戏内容、用心陪伴宝宝、用心协助和引导宝宝，宝宝的卓越潜能就一定会发掘出来。

游戏不仅让孩子快乐，也是他们走向幸福和成功的大道!

让今天的快乐，成就明天的卓越!

从现在就开始吧!

CONTENTS 目录

第1部分　0~1岁亲子游戏

一、1~3个月游戏与指导

二、4～6个月游戏与指导

三、7~9个月游戏与指导

四、10～12个月游戏与指导

第2部分　1~2岁亲子游戏

一、13~15个月游戏与指导

二、16～18个月游戏与指导

三、19~21个月游戏与指导

四、22～24个月游戏与指导

第3部分　2~3岁亲子游戏

一、25~27个月游戏与指导

二、28～30个月游戏与指导

三、31~33个月游戏与指导

四、34～36个月游戏与指导

附录 游戏与玩具概述

第1部分

0~1岁亲子游戏

一、1~3个月游戏与指导

1~3个月认知游戏

01 爸爸的声音

目标：训练宝宝的听力。

1.爸爸以最低的声音来叫宝宝的名字。

2.一边发出稍微高低变化的声音，一边观察宝宝的反应。

3.试试看，对着宝宝的耳朵说：“你好！”“小宝贝！”“欢迎你！”

02 看颜色鲜艳的玩具

目标：锻炼宝宝颈部肌肉，提升宝宝自然感知能力。

1.父母准备色彩鲜艳、形状鲜明的小玩具。

2.宝宝仰卧在小床上，妈妈微笑地面对宝宝，在大约距离宝宝眼睛20～30厘米处，悬挂一些颜色鲜艳、形状鲜明的玩具（最好是红色或黄色的），在宝宝醒着且心情愉快的时候，让宝宝看一看这些玩具。

03 “哇”的游戏

目标：用声音吸引宝宝，培养宝宝的听觉注意力。

1.妈妈和宝宝脸蛋相对，然后说“哇”。

2.妈妈用毛巾遮住自己的脸，将毛巾拿下来，然后说“哇”。

3.妈妈把眼睛蒙上，接着打开说“哇”。

4.妈妈转头，然后说“哇”。

5.妈妈藏起来，现身时说“哇”。

6.妈妈将脸蒙起来，从张开的手指缝中说“哇”。

7.妈妈用手蒙住宝宝的眼睛，接着拿开，然后说“哇”。

8.妈妈用毛巾遮住宝宝的脸，接着拿开，然后说“哇”。

04　摇摇手摇铃

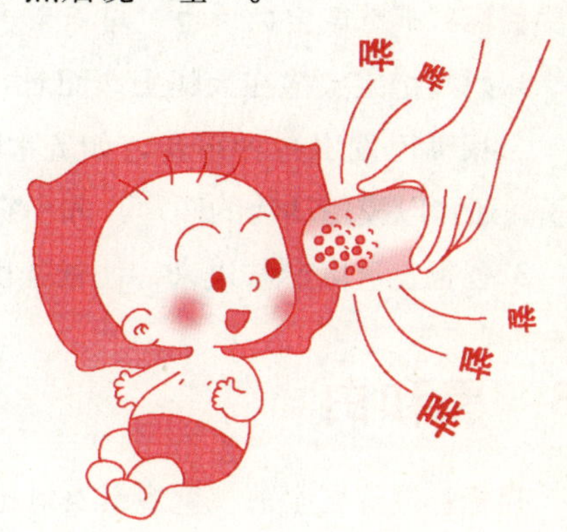

目标：训练宝宝听力及反应，帮助宝宝感受声音的节奏；锻炼手指及手腕的活动能力和肌肉强度。

1.妈妈一边摇手摇铃，一边唱歌。

2.在宝宝的左右两侧摇动手摇铃，观察宝宝有没有转头。

3.在比较低的地方摇动手摇铃，观察宝宝有没有低头。

4.把手摇铃给宝宝，让其抓握并摇动。

05　宝宝脸蛋探险

目标：训练宝宝的听觉和触觉，培养亲子感情。

1.妈妈一边看，一边用手指头指着，一边说出宝宝的眼睛、鼻子、嘴巴、耳朵、头。

2.妈妈告诉宝宝脸的各个部位长什么样子。

3.如“宝宝的眼睛像露珠一样，好漂亮喔！”这类的话，宝宝虽然不懂，但用各种修饰语说，宝宝也会感受到妈妈的爱。

06　让宝宝听声音

目标：训练宝宝对声音的反应能力及注意力，促进听力的发育。

1.在宝宝头部两侧摇铃，节奏时快时慢，音量时大时小。

2.边摇边说：“铃！铃！铃儿响叮当！”

3.先不要让宝宝看到摇铃，而要观察其对铃声有无反应，如宝宝听到铃声停止哭闹或动作减少等，再训练孩子根据铃声用眼睛寻找声源，每天2～3次。

07 口技音乐

目标：训练宝宝的听力，培养亲子感情。

1.妈妈把宝宝抱在大腿上，面对着你，让宝宝可以看清楚你的脸。

2.用嘴巴发出各种声音，如流水声、亲吻声及咕咕声，或吹口哨、唱歌和哼曲子，还可以模仿动物的叫声，如小狗、小猫、小鸭、小鸡、小鸟等。

3.爸爸也可以参与进来，让爸爸用嘴巴吹口技，模仿各种声音，逗宝宝玩。

08 黑和白

目标：锻炼宝宝的视觉观察及对比能力，训练其逻辑思维智能。

1.先准备好一张白纸和一支黑色的笔，然后将白纸对折，用笔将纸的半面涂黑，另半面空白。

2. 在宝宝醒着的时候，将这张涂好的纸举到离宝宝眼睛30厘米的地方晃动，逗引宝宝观看。

09 对视

目标：拓宽宝宝的视野，开发宝宝的视觉观察能力。

1.和宝宝距离约30厘米对看。

2.妈妈的脸上下、左右地动，要维持30厘米左右的距离。

3.妈妈的移动速度要适当，使宝宝的眼珠能跟着移动。

4.要适时地调节距离，不要太近或太远。

10 转一转

目标：提高宝宝的观察能力和眼珠的运动能力。

1.抱紧宝宝，和宝宝进行目光交流，宝宝发出声音就给予回应。

2.抱紧宝宝能让宝宝感受成长过程中所需要的安全感。

3.抱着宝宝在屋里转转。停下来看着宝宝的眼睛笑一笑，再揉揉宝宝的鼻子叫一叫。宝宝发出声音就给予回应。

4.停停接着再转，再停下来。这样重复几次。

11 朝身体“呼”气

目标：刺激宝宝的肤觉。

1.换过尿布后，将嘴唇接触宝宝的胸口、背部，“呼”地吹气。

2.宝宝洗过澡后，也可以朝宝宝的身体“呼”地吹气。

3.对宝宝的脸蛋也可“呼”地轻轻吹气。

4.将宝宝的手贴近妈妈的嘴唇，“呼”地吹气。

12 在脚底板滚球

目标：刺激宝宝的身体，促进宝宝的血液循环。

1.妈妈用触感柔软的球揉一揉宝宝的脚底板。

2.然后再用球滚一滚全身，并观察宝宝的反应如何。

3.宝宝的手、脸和身体也都用球滚一滚。

13 握一握

目标：提高宝宝的协调能力和抓握能力，促进宝宝自然智能的发展。

1.一边将手摇铃摇出声，以刺激宝宝的听觉，一边让宝宝握着手摇铃。

2.一边给宝宝手摇铃，一边左右摇动。

3.左右摇动后轻轻地放着，宝宝会把手摇铃放到嘴里或看着手摇铃。

14 请问是谁呀

目标：提高宝宝的自我认知能力，促进其语言能力的发展。

1.妈妈一边轻敲宝宝的手，一边问：“咚咚咚，请问是谁呀？”之后，回答："是的，这是手。"并且一定要握住宝宝的手，再放下来。

2.一边轻敲宝宝的脚，一边问："咚咚咚，请问是谁呀？"之后，回答："是的，这是脚。"同样的，也一定要握住宝宝的脚，再放下来。

15 车要过去喽

目标： 训练宝宝的触觉，增强对声音的感知能力。

1.一边对宝宝说："车车要从肚子上开过去喽！"一边将玩具车从宝宝的肚子上滚过去。

2.宝宝会感受到车子滑过身体的触感。

3.爸爸可发出车子发动时"噗隆噗隆"的声音。

16 配合音乐按一按

目标： 增进亲子感情，培养宝宝的节奏感。

1.抱着宝宝，跟着音乐节奏用手指头轻轻按压宝宝的腿、胳膊，还可以发出"嘟嘟"的声音。

2.用满怀爱意的手指头，传达妈妈对宝宝的爱。

3.宝宝情绪的培养，用古典音乐或胎教音乐都很好。

17 抱抱宝宝

目标： 培养亲情，增强宝宝的安全感以及对父母的信任感。

1.把宝宝放在臂弯里轻轻摇动。

2.边摇边说："抱抱宝宝，我爱你。"

3.说到"你"的时候，亲吻宝宝的身体，如头、鼻子、脚趾等。

4.宝宝稍稍长大一点儿后会主动要求玩这个游戏。

18 吹吹风

目标： 让宝宝认识身体的不同部位，提高宝宝自我认知能力。

1.轻轻地吹宝宝的手心，边吹边哼唱："这是你的小手心。"

2.然后亲亲宝宝的手心。

3.吹吹宝宝身体的其他部位。多数宝宝都喜欢人们轻吹他们的肘部、手指、脖子、脸颊和脚趾。

1～3个月运动游戏

01 妈妈、宝宝体操（1）

目标：使宝宝的肌肉、骨骼、关节得到良好的锻炼。

1.将宝宝放在膝盖上坐着，轻轻转动宝宝的身体（不要转动宝宝的全身），在宝宝看着妈妈的情况下，只转动宝宝的腰和胸部。

2.妈妈也和宝宝一样，朝同一个方向转动身体。

3.拉着宝宝的手向后伸直，让宝宝胸部向后倾，妈妈的身体呈笔直的状态。

4.将宝宝一边的手臂拉过头，朝相反的方向轻推。让两臂伸展，妈妈也跟宝宝采取同样的动作。

02 妈妈、宝宝体操（2）

目标：促进宝宝的血液循环，使宝宝感受来自亲人的爱抚。

1.让宝宝躺下后，妈妈将膝盖贴着地面，趴下看着宝宝，并做手臂屈、伸的动作。

2.当手臂弯曲时，妈妈的脸会接近宝宝，这时请亲亲宝宝的脸。

3.妈妈躺下，将宝宝放在肚子上让宝宝坐好，然后抓住宝宝的腋下，让坐着的宝宝躺下来。

03 妈妈、宝宝体操（3）

目标：锻炼宝宝的躯体，鼓励宝宝多做运动。

1.让宝宝躺下，弯曲其膝盖，然

后轻轻将屁股往上提。

2.将宝宝举放到妈妈的肚子上，然后弯曲宝宝的膝盖，将屁股往上提。

3.妈妈以躺着的姿势，将宝宝放在膝盖上，然后像搭飞机一般，将膝盖一屈一伸。

4.将宝宝抱着站起，然后摇晃宝宝的身体。同时配合各种音乐，有时慢慢的，有时像跳舞般的移动。

5.运动结束后，妈妈和宝宝都会感到疲累。让宝宝躺在妈妈的胸口，然后闭上眼睛休息5分钟，自然而然地进入梦乡也不错。

6.如果宝宝没睡着的话，妈妈可以抓着宝宝的手玩。

04 宝宝体操（1）

目标：增强宝宝肌肉的力量及弹性，为翻身和爬行作准备。

1.把宝宝的手指头笔直地分开。

2.将宝宝的双手向上提超过头部，做出欢呼的动作。

3.抓住宝宝的腋下，让宝宝站立之后，膝盖呈一屈一伸的运动。

4.让宝宝躺着，将左、右膝盖往上提，一边交叉，一边轻推，不要太用力。

05 宝宝体操（2）

目标：提高宝宝运动能力，促进大脑发育。

1.用两手咚咚咚地敲宝宝的肩膀外侧。

2.轻轻地敲或按摩宝宝的胸部、肚子等部位。

3.两手抓住宝宝的腿，慢慢地将腿向上提，使宝宝成倒立的姿势。

06 骑车

目标：增强宝宝腿部肌肉力量，使宝宝的肌肉、骨骼、关节得到良好的锻炼。

1.让宝宝平躺，扳动宝宝的腿做出骑自行车的动作。

2.扳动宝宝腿的时候，哼唱有关自行车的歌。

3.或者自己编一首简单的儿歌，如：

骑，骑，骑车车，骑到街上兜圈圈。

好玩，好玩，真好玩，宝宝乐呵呵。

07 拍拍脚掌

目标： 活动宝宝的双脚，刺激脚底的血液循环，使其更加有力量。

1.妈妈抓着宝宝的脚踝，让两只脚掌轻轻地碰触。

2.搓搓脚底或用手指按压宝宝的脚掌。

08 手指在这里

目标： 锻炼宝宝的手部力量。

1.把宝宝放在双膝上，把你的食指放在宝宝的手里，宝宝会抓紧你的手指。

2.每次宝宝抓住你的手指，都要肯定地说："真是好宝宝！"或"你真有劲儿！"

09 旋转

目标： 帮助宝宝感觉空间的变换，并锻炼宝宝的平衡能力。

按下列方法转动宝宝：

1.抱着宝宝并支撑住宝宝的头部转圈。

2.从后面抱住宝宝转圈。

3.让宝宝的脸朝向你，抱住并转圈。

10 翻翻身

目标： 促进翻身、爬行，以提升宝宝运动智能。

1.换过尿布后，让宝宝躺在松软的地方，慢慢地将宝宝翻过来。

2.再一次，将宝宝翻回正面。

3.要慢慢地将宝宝翻身，动作要轻柔缓慢，以免宝宝会晕眩。

11 弯弯膝

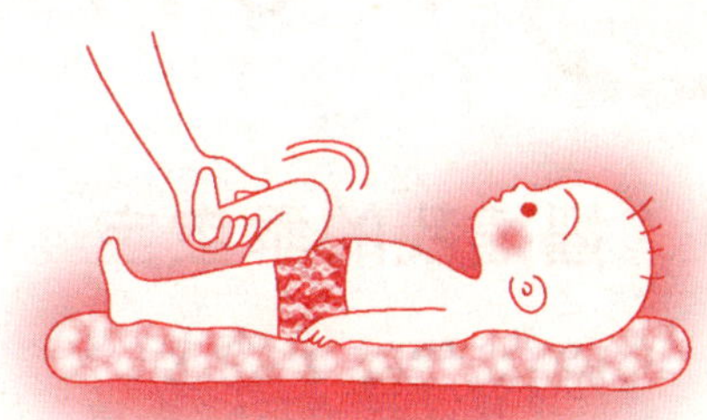

目标： 训练宝宝腿部的力量，提升

宝宝的运动能力。

1.让宝宝平躺，小心拉直宝宝的腿。

2.拉直以后，轻拍宝宝的脚底。

3.宝宝就会向下伸直脚趾并屈膝。

4.做这个游戏时，父母可以哼唱下面的歌谣：

弯下来，弯下来，膝盖弯下来。

弯下来，弯下来，啊哈！

5.歌谣结束时欢呼一下，宝宝会学会期待它，这会使游戏更有趣。

12 翻转

目标：有助于宝宝胸部和手臂肌肉的发育，让宝宝学会滚动。

1.把宝宝平放在柔软的地方。

2.握住宝宝同侧的脚踝和大腿盘向另一条腿。（不用担心，宝宝的小屁股和身体会跟着动。）

3.回到宝宝的初始姿势。

4.换另一条腿向相反方向重复做。

5.边做边说：

两个小家伙，并排床上坐，

其中一个说：

盘过来，盘过来，

（说到这儿的时候交叉宝宝双腿。）

腿就盘过来。

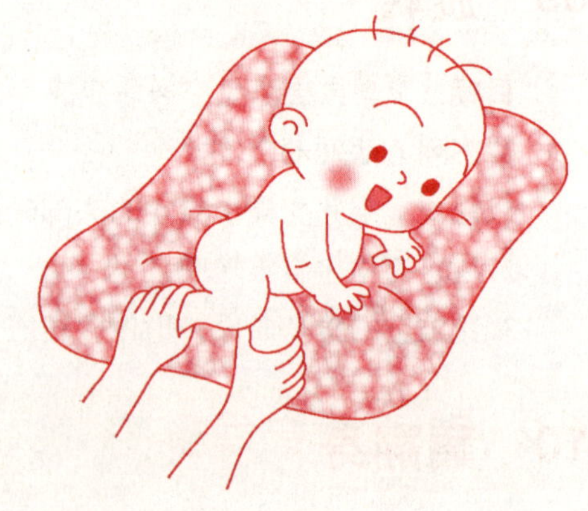

1～3个月语言游戏

01 摇摇我的乖宝宝

目标：给予宝宝丰富的语言刺激，增进孩子与父亲的感情，达到心灵与感情的沟通和融洽。

1.爸爸两手抱平孩子，摇一摇，动一动，使孩子有摇篮般的感觉。

2.爸爸边摇摇篮，边念儿歌："摇呀摇，摇摇我的乖宝宝。乖宝宝，快长大，长大做个科学家。"

3.父亲从新生儿起就参与对孩子的照料有莫大的好处，否则，可能会造成不少孩子怕父亲，渐渐与父亲疏远，使父亲难以亲近孩子。

02 妈妈在等你哟

目标：增进亲子感情，培养情绪较为稳定的宝宝。

1.将睡觉的宝宝视为旅行者，当宝宝从睡梦中醒来时，可以揉揉他的脸蛋，说："回来啦，妈妈在等你哟。"像这样，跟宝宝打招呼。

2.也可偶尔说说如"回来啦？去过梦的国度了吗？"这类的话。

3.宝宝知道若是从梦中苏醒，妈妈就会高兴地迎接，他就会笑着醒来。

03 与布偶的相遇

目标：刺激宝宝发音，提升其语言智能。

1.将一个坐着直视前方的布偶放在宝宝的面前。

2.让宝宝趴在布偶的前面，此时宝宝应该会目不转睛地看着布偶。

3.说不定宝宝和布偶正在分享无声的对话呢。

4.可爱的小布偶在宝宝的眼里，就像是个小精灵一样呢！

04 引逗发音发笑

目标：引导宝宝回应性发音，锻炼其发音能力，促进语言智能的发育。

1.在宝宝情绪很好、很稳定的时候用亲切温柔的声音，面对着宝宝，使他能看得见口型。

2.试着对他发单个韵母a（啊）、o（喔）、u（呜）、e（鹅）的音，逗着孩子笑一笑，玩一会儿，以刺激他发出声音。

05 摸摸妈妈的脸

目标：帮助宝宝理解语言的含义，提高宝宝学习语言的积极性，促进宝宝语言智能的正常发育。

1.抱着宝宝，一边抚摸着宝宝的手和脚，一边对他说："啊，好小、好可爱的脚趾头喔，手指也很漂亮呢。"

2.然后拿宝宝的手摸摸妈妈的脸。

3.妈妈也用手摸摸宝宝的脸。

06 湿毛巾沐浴

目标：增进母子感情，促进血液循环。

1.用温水将干净的毛巾浸湿，毛巾的大小必须能包住宝宝全身。

2.拧干毛巾，然后围住宝宝的身体。

3.用力抱着包着毛巾的宝宝。

4.一边说："宝宝好干净喔！"一边感受热气。

07 用脸颊打招呼

目标：刺激宝宝语言智能的发育，增进亲子感情。

1.爸爸保持和宝宝的脸颊差不多的温度，用干净的布把脸颊擦干净。

2.爸爸用脸颊搓搓宝宝的脸颊。

3.可对宝宝说："洗澡后好开心喔！"

4.让宝宝洗澡后舒适的心情能保持更长的时间。

08 亲亲宝宝的身体

目标：促进宝宝全身的血液循环，使父母和宝宝有更深入的交流。

1.帮助宝宝洗澡后，可以在穿衣服前亲亲宝宝的全身。

2.爸爸和妈妈轮流在宝宝的脸、胳膊、胸、肚子、屁股、腿等部位一边亲一边发出"啵啵"的声音。

3.这会让宝宝心情好，并露出微笑。

4.嘴唇对着宝宝的身体，一边吹气，一边颤动发出“啵啵”的声音。

09 对宝宝说唱

目标：让宝宝感受明快的语音节奏，促进宝宝发音。

1.孩子睡醒后，妈妈温情地和孩子讲话。

2.诸如“宝宝睡醒了，睁这么大眼睛。”“宝宝在哪儿呀？噢，在这儿哪。”“妈妈给换尿布喽，真乖。”

3.还可念些儿歌，如：“宝宝乖乖，把眼睁开；妈妈来了，妈妈喂奶。”

10 哄逗对话

目标：丰富宝宝的语言基础，提高宝宝的语言能力。

1.孩子睡醒或吃奶后，大人就可“哼”、“哈”去引逗孩子“对话”。

2.当他不甘寂寞哭闹时，大人应给他微笑，跟他哼哈讲话，当他“哦呀”时，大人更应回之“哦呀”，这样聊七八分钟，既训练了孩子的发音，大人也乐趣横生。

建议：在这个阶段，培养宝宝的亲情从学认父母开始。父亲可多抱抱宝宝，同时与宝宝多说笑，从小培养孩子与父母的感情。

每天游戏指导

第1个月 … 第1天

推荐游戏：【认知类】01爸爸的声音

许多父母都会惊讶地发现出生第一天的宝宝是多么的警觉，而且可能会对你的声音有反应。如果爸爸在妈妈怀孕时经常对着肚子跟宝宝聊天，现在面对刚出生的宝宝，你就可以跟他玩一下“爸爸的声音”这个游戏，看看宝宝是不是能认出你的声音！

值得注意的是，宝宝听力还不是很发达时，无法听清楚高音，但对低沉的声音听得比较清楚，也会觉得和缓，所以爸爸的声音能给宝宝亲近感。作为爸爸，要经常用各种语气语调锻炼宝宝的听力。

第1个月 … 第2天

推荐游戏：【认知类】09对视

新生婴儿的眼睛有时会打开，而且要花很多时间来认脸，特别是父母的脸，妈妈可以和宝宝玩“对视”的游戏，让宝宝认识并记住自己最亲密的人的样子。这个游戏，爸爸妈妈可以换着玩儿，也可以在未来的几天里重复玩儿，以加深宝宝对父母的认识。

第1个月 … 第3天

推荐游戏：【语言类】01摇摇我的乖宝宝

爸爸从一开始就参与到照顾新生儿的过程中来有利于亲子关系的稳固发展，再加上妈妈刚刚生产完身体比较虚弱，爸爸们作为照顾和陪伴宝宝的主力是必须的，这样的游戏适合爸爸来做，让宝宝在和爸爸的愉快沟通中认识并喜欢这个世界。

第1个月 … 第4天

推荐游戏：【认知类】10转一转

虽然新生儿的视力不是很好，看事物还不是很清晰，但也能够看到60厘米以内的东西了，而且醒着的时候他们还是非常喜欢睁着眼睛看的，父母不要认为宝宝视力还不好就离他远远的，除了让他认识你的脸之外，还要多抱宝宝，和他拉近距离去交流，让他能够看到你，知道你是在跟他说话，让宝宝的眼睛转动起来，耳朵机灵起来，在提高视觉和听觉的同时，促进大脑的发育。

第1个月 … 第5天

推荐游戏：【语言类】02妈妈在等你哟

宝宝在适应陌生的环境过程中，需要一份安全感，尤其是来自妈妈的安全感，妈妈温柔的声音会让宝宝变得平和安静，更有利于宝宝良好性格的形成。

第1个月…第6~7天

推荐游戏：【认知类】11朝身体“呼”气

刚出生的宝宝会用所有的感官，包括嗅觉和触觉来对全新的世界进行更进一步的熟悉和辨认。父母可以通过认知类11或17这样的游戏，来抱宝宝，跟宝宝的身体亲密接触，让他用触觉感受来自父母的爱。

父母还可以根据宝宝的喜好，跟宝宝一起玩儿之前做过的一些游戏，这些游戏对新生儿的认知和脑部发展都是有好处的，可以经常重复，也可以在一天之中，在宝宝状态好的情况下，跟宝宝做几个不同的游戏。

第1个月 … 第2周

推荐游戏：【认知类】03“哇”的游戏，17抱抱宝宝，18吹吹风；【语言类】09对宝宝说唱

新生儿刚出生就能听到声音，但他们还不能判断声音是从何而来，也不能分辨不同的声音。但此时的新生儿已经出现了听觉上的偏好，他们最喜欢听的就是妈妈的声音，新生儿听到妈妈的心跳声、呼吸声和说话的声音就会感到安全。而且新生儿爱听柔和的、高音调的声音，对拖长的纯音反应也比较明显。所以“哇”的游戏非常适合这一阶段的宝宝来玩。

“抱抱宝宝”的游戏可以经常跟宝宝玩，因为宝宝需要从父母那里获得足够的信任和安全感。在抱宝宝的时候，3个月以内都要以横着抱为主。因为宝宝的颈部、背部肌肉还没完全发育好，横着抱可以最大限度减轻他的背部和颈部压力。另外，让宝宝体会到你的爱，不仅仅是多抱抱就能达到目的的。在抱宝宝的同时，要和宝宝多交流、多说话，这样既能让他感受到你的爱，又能对他进行语言刺激，开发宝宝的大脑。

“吹吹风”是父母用嘴对宝宝的身体不同部位吹风，这可以让宝宝提高自我认知能力，父母温热的空气轻轻吹在宝宝身上，让宝宝感觉痒痒的，很愉悦，同时让他对自己的身体部位有了模糊的认识。

婴儿言语的发生和发展，需要一个良好的语言环境。婴儿虽然不会说话，父母也应把他当成一个懂事的大孩子，经常和他交谈。“对宝宝说唱”这样的游戏可以达到这样的目的。另外，当妈妈和婴儿说话时，如果发现婴儿发出似应答的声音，这时妈妈应停顿片刻，以增加婴儿参加到母亲与婴儿的“交谈互动”中的机会。这种母婴间的语言交流对刺激婴儿神经系统的语言加工能力是很有必要的。

这几个游戏非常适合这个阶段的宝宝，可以重复进行，第一周的一些宝宝感兴趣的游戏同样可以拿来再玩。

第1个月 … 第3周

推荐游戏：【认知类】08黑和白；【运动类】07拍拍脚掌；【语言类】07用脸颊打招呼

“黑和白”的游戏可在宝宝出生后半个月进行。这样的游戏不仅能发展宝宝的视觉，更重要的是能训练宝宝对两种事物的对比判断能力，培养逻辑思维能力。游戏时妈妈应注意观察宝宝的眼球是否会在黑白两个画面上转动。

刚出生不久的宝宝并不适合做特别大的运动，父母可以用“拍拍脚掌”的游戏来帮助宝宝做简单温和的运动，促进宝宝身体发育。

在洗完澡之后，爸爸可以跟宝宝玩“用脸颊打招呼”的游戏，增进亲子感情的同时，刺激宝宝语言智能的发展。

第1个月 … 第4周

推荐游戏：【认知类】06让宝宝听声音；【运动类】11弯弯膝；【语言类】05摸摸妈妈的脸

多让宝宝听不同的声音可以刺激他听力的发育，用带有温柔声音的话语跟宝宝交流，同时在交流的过程中用宝宝的手来感知，能够让宝宝把事物和语言联系起来，促进语言智能发育。

值得注意的是，0～1岁是宝宝运动能力发育的敏感期，腿部肌肉、骨骼的健康发展，为宝宝日后活动范围的扩大奠定了良好的基础。注意，不要硬扳宝宝的腿。如果宝宝不愿意就做一些别的动作。

第2个月 … 第1周

推荐游戏：【认知类】16配合音乐按一按；【运动类】10翻翻身；【语言类】08亲亲宝宝的身体

每个宝宝都有与生俱来的音乐天赋，因此父母要有意识地发展宝宝的这种才能。日本教育专家七田真说过：“幼儿音乐教育有两个重要功能，其一是气质的养成，其二是智慧的提升。”因此，宝宝经常聆听优美的音乐，感受音乐所富有的旋律和节奏，会自然地把这些感受纳入到个体大脑当中，使个体自然地流露出优美的旋律。父母可选择一些音质好的摇篮曲在宝宝入睡前播放，让宝宝在轻柔的摇篮曲中入睡。在宝宝清醒时放一些欢快的儿童歌曲或模仿大自然的音乐，如流水声、森林中的鸟鸣等，以增强宝宝对音乐的感受能力。

宝宝需要几个月的时间来学会完全控制自己的身体动作。因此，父母可以在他出生后的最初几个月，用翻翻身的游戏来协助宝宝学会控制自己的身体。宝宝会侧卧后，他会从侧卧翻到俯卧或仰卧。最初宝宝这种翻身几乎是无意的，是由身体重心的偏移决定而不是宝宝自主的。到了4～6个月的时候，宝宝就能很熟练地翻身了。

第2个月 … 第2周

推荐游戏：【认知类】02看颜色鲜艳的玩具；【运动类】06骑车，08手指在这里

在有良好的环境刺激下，第2个月的宝宝可以追视红球（距离眼睛20～30厘米）：向左右追视可达180°（头眼同转；听到妈妈的声音会转头），用颜色鲜艳的玩具和小球来吸引宝宝的注意，能达到训练宝宝的目的。

另外，宝宝已经能将放入手中的物品紧握达1分钟以上了，父母可以根据宝宝的这些特点来对宝宝进行有针对性的训练，势必达到事半功倍的效果。

第2个月 … 第3周

推荐游戏：【认知类】07口技音乐；【运动类】01妈妈、宝宝体操（1）；【语言类】04引逗发音发笑

这时的宝宝在看着妈妈时会微笑，逗他时还能发笑出声，越发惹人喜爱。产后已经恢复体力的妈妈除了可以给宝宝模拟各种声音，逗宝宝笑之外，还可以和宝宝一起来做做运动，妈妈、宝宝体操能帮助宝宝锻炼肌肉和骨骼，还能帮妈妈恢复身材，不妨和宝宝经常做一做。

另外，父母在逗宝宝发音发笑时，要注意观察你的宝宝是视觉型宝宝、触觉型宝宝，还是听觉型宝宝，从而找到适当而高效的逗笑方式。

第2个月 … 第4周

推荐游戏：【认知类】04摇摇手摇铃，14请问是谁呀；【运动类】04宝宝体操（1）

2个月的宝宝手经常握拳，但有时也会张开。婴儿不认识自己的手，有时会凝视自己的小手。要让婴儿自由活动手和手指，不要用布或手套将其包起来。因为手的活动是进一步练习抓东西的基础。看手、不断地活动双手，对这一时期宝宝的发展非常重要。

第3个月 … 第1周

推荐游戏：【认知类】15车要过去喽；【运动类】12翻转；【语言类】06湿毛巾沐浴

第3个月的宝宝应给予更多感觉刺激，让宝宝多看、多听、多触摸，也有利于和宝宝建立起良好的亲子感情。这几个游戏可以从身体的感官上锻炼宝宝，在条件适合的情况下，可以带宝宝多做“三浴锻炼”，即定时带宝宝进行日光浴、水浴、空气浴，让宝宝有更多的机会感知周围环境。在南方可以每天进行孩子的玩水活动，把宝宝套入救生圈，再放个柔和的音乐，这样大人在旁边守候着，孩子会自己感受水，很愉快地拨动手跟脚。

第3个月 … 第2周

推荐游戏：【认知类】05宝宝脸蛋探险；【运动类】02妈妈、宝宝体操（2）；【语言类】03与布偶的相遇

这个月的宝宝，见到令他高兴的物体时，会出现呼吸加深，全身用劲等兴奋的表情，所以给他可爱的小布偶，看看他会有怎样的反应呢？

另外，第3个月的宝宝重点训练俯卧抬头、四肢运动和触摸能力。抚摸和拥抱也是重要的方法之一，这能让孩子感受手的温暖，对他来说更多的是安全和信任。

第3个月 … 第3周

推荐游戏：【认知类】12在脚底板滚球；【运动类】03妈妈、宝宝体操（3）；【语言类】10哄逗对话

宝宝在3个月时头能抬得很稳。所以将宝宝抱在妈妈的胸腹前进行，妈妈、宝宝体操（3）非常适合这个阶段的宝宝，能适当地让孩子从游戏中锻炼身体。

另外，家里的人最好能够多和宝宝交流，大人要经常通过各种方式，逗引宝宝发笑。如可以经常抱着宝宝，亲吻、抚摸宝宝，和宝宝说话，给宝宝唱歌等，记得说话时的语气有轻重，声音有起伏，通过这些方式逗引宝宝发笑。

第3个月 … 第4周

推荐游戏：【认知类】13握一握；【运动类】05宝宝体操（2），09旋转

手和心智的发展是相互促进的，手在锻炼过程中不仅能促进小肌肉和运动智能发展，也能促进人整体智慧发展。因此，妈妈可以试着边唱儿歌边打拍子，这样宝宝就会不自觉地将小手舞动起来，能够增加宝宝对音乐的节奏感知能力。

前三个月的宝宝，无论身体还是从心智都处于一个飞速发展期，可以说一天一个样，父母的陪伴、互动和正确引导，能让宝宝身心的各方面都得到飞速发展，让宝宝一边运动一边认知，无疑能同时促进身体和大脑的双重发展。

二、4～6个月游戏与指导

4～6个月认知游戏

01 寻找声源

目标： 训练宝宝辨别声音的方向，提高宝宝的听觉记忆能力。

1.宝宝到了4个月大时，已经可以分辨不同的声音了。

2.对习惯了的母亲的声音尤其敏感，只要母亲一出声，就会转向声音的方向，被叫到名字也会马上反应。

3.这个时候，可在他看不到的地方发出声音，跟他玩寻找声音来源的游戏，利用这种方式训练他的听力。

02 妈妈抱抱

目标： 提高宝宝的认知能力，增进母子亲情。

1.妈妈在孩子面前有意识地伸出手，并说："宝宝，让妈妈抱抱。"

2.抱起孩子逗他玩一会儿，然后放下孩子。

3.重复上述过程，直到形成孩子看见妈妈伸出双手时，自己也伸出双手的习惯。

4.进行游戏时，家长要注意孩子的反应。

03 各种不同的声音

目标： 提高宝宝的听觉能力，培养其节奏感。

1.听到好听的音乐或愉快的音乐时，婴儿也会高兴地手舞足蹈。

2.抓着婴儿的身体配合音乐舞动，可让婴儿学会用身体表现快乐的情绪。

3.在生活中多准备一些音乐或会发出美妙声音的玩具。

04 听一听，闻一闻

目标： 提高宝宝的综合感知能力。

1.让宝宝的手或脸抚摸、感觉各种不同的布料。

2.让宝宝闻闻各种花香或气味。

3.下雨天打开窗户，让宝宝听听下雨的声音。

4.每当宝宝体验某种感觉时，可利用声音或动作来向宝宝说明其特征，如："哗啦！哗啦！下雨啦！"

05 叮当叮当

目标： 训练宝宝的腰和腿部的肌肉。

1.让宝宝趴着，在他背后摇手摇铃。

2.宝宝听到声音会扭动身体，想要找身后的叮当声。

3.在宝宝的背后及左、右侧摇手摇铃。

4.宝宝可以运用听觉寻找发声的地方。

5.宝宝一边扭动身体，一边凝视东西，也能增进视觉的发展。

06 咕噜滚一滚

目标： 锻炼宝宝的视觉，培养注意力。

1.让宝宝趴着，并滚动球，使宝宝的视线跟着球移动。

2.把球在宝宝身旁滚动，他会跟着球转头。

3.在宝宝可以抓到球的范围内，慢慢地滚动球。

07 声音的高低起伏

目标：扩大宝宝的听觉音域。

1.妈妈以高的声音、低的声音及特别的声音唱歌。

2.随着声音的高低做出各种表情。

3.然后观察宝宝的反应。

4.随着声音的高低起伏，宝宝的表情也会有些细微的变化。

08 水声哗啦啦

目标：提高宝宝的听觉记忆能力。

1.将塑料瓶装水之后摇一摇，让宝宝听听所发出的声音。

2.试试装入果汁来摇晃，宝宝会发现黄色的果汁在塑料瓶里跳舞呢！

3.从水桶里传出的声音也会吸引宝宝的注意。

09 漂亮的蝴蝶结

目标：给予宝宝丰富的视觉刺激，提高宝宝的认知能力。

1.在宝宝的手指头上绑上颜色鲜艳的蝴蝶结。

2.让宝宝看自己的手指头。

10 发条娃娃

目标：刺激宝宝的视觉和听觉。

1.将玩偶上紧发条后，放在宝宝面前。

2.看到玩偶在眼前走动，宝宝会因为想抓住它而双腿乱蹬、乱踢。

11 水气球

目标：舒适又柔软的触感能让宝宝的心情变好。

1.将水灌入气球中，并轻轻搓揉。

2.用水球在宝宝的脸、手背、脚及身体等部位轻轻地擦揉。

3.把气球放在宝宝的身上，骨碌碌、滑溜溜地滚动。

4.将水球摇晃产生气泡后，让宝宝看看水球的内部。

12 唱歌点点点

目标：培养宝宝的节奏感。

1.请跟着“小印第安人”的拍子轻轻敲打。

2.开始唱：“One Little Two Little Three Little Indians……”，当分别唱到“One、Two、Three”等字母时，请用手轻点宝宝的身体。

3.轻点宝宝身体时要强调重音，这样能让宝宝更确实地感觉节奏。

13 揉揉摸摸小宝宝

目标：刺激宝宝的脑部，促进头脑发达，增进亲子间的情感。

1.洗完澡，擦干身体、包好尿布后，让宝宝躺平。

2.先用婴儿油抹在宝宝的皮肤上帮他按摩，经由皮肤的摩擦，宝宝的心情会变得更好。

3.慢慢地，一直延伸到全身。

4.轻轻地搓揉身体、手臂和脚。

5.一边发出“揉揉摸摸、啪啪，搓搓揉揉、啪啪”的声音，一边给予有韵律的按摩。

14 我在哪儿

目标：提高宝宝对时间、空间中人或物的理解，强化对物体永久性的认识。

1.妈妈用手帕把脸遮住，问宝宝：“妈妈呢？妈妈去哪儿了？”

2.把手帕从脸上拿下来，对宝宝说：“妈妈在这儿呢。”

3.把手帕轻轻遮住宝宝的脸，叫宝宝的名字：“宝宝呢？宝宝在哪儿呢？”

4.撩开手帕看着宝宝的脸，对宝宝说：“啊，宝宝在这儿呢。”宝宝会开心地大笑。

4～6个月运动游戏

01 小手抓一抓

目标：训练宝宝手部运动，学会伸展、抓握和合拢手指，提高宝宝手眼协调能力。

1.当宝宝把小手伸出来时，妈妈要多抚摸它，把手指放在他的手心上帮宝宝练习抓握，试着让宝宝的手握紧。

2.让宝宝摸摸妈妈的衣服或各种不同材质的物品，培养宝宝的触觉。

02 换手拿东西

目标：锻炼宝宝手的灵活性，提高精细动作的发育。

1.当婴儿会将东西从右手换到左手，或从左手换到右手时，表示他已经做好操作工具的准备了。

2.这个时候，可以让他玩使用手指的游戏。例如，他喜欢玩一摸就会发出沙沙声的纸袋、拉或按就会出声或启动的玩具。

3.母亲在婴儿玩得很高兴时应鼓励他说："宝宝好棒哦！"

03 双手敲一敲

目标：锻炼宝宝手的灵活性，提高精细运动能力。

1.这时候的婴儿会两手各拿玩具并相互敲打。

2.虽然手的动作及指头都不很灵活，他还是会不断地抓东西或按东西。

3.训练的第一步是，先观察婴儿喜欢玩什么，再针对他的喜好设计游戏方式。

04 拉手帕游戏

目标：锻炼宝宝手臂肌肉力量，促进其运动智能的发展。

1.把柔软的手帕放到宝宝的手里。

2.宝宝可爱的手会使劲地抓住手帕。

3.请妈妈也紧紧地抓住手帕。

05 合拢、张开

目标：训练宝宝手的灵活性，为以后手部的精细动作做准备。

1.让宝宝坐在妈妈的膝盖上面。

2.妈妈一边说："伸手手"，一边摇动宝宝的手。

3.如果观察宝宝仍没反应，妈妈可抓宝宝的手，使其手指弯曲再打开。

4.妈妈先对宝宝做"合拢、张开"的手势动作，让宝宝跟着模仿，并配合一定的速度，使宝宝产生韵律感。

06 趴着前进

目标：锻炼宝宝胸、腹、背与四肢的肌肉，促进骨骼的生长。

1.会趴着四处移动的婴儿很喜欢爬到自己想去的地方，渐渐地，他的爬行技巧愈来愈熟练。

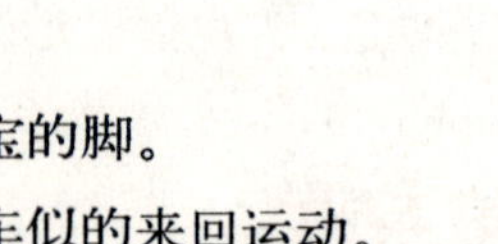

2.这段时间，可以让他随心所欲地爬，同时也记得和他玩一些摇动身体或飞天之类的游戏，训练他的平衡感。

3.当婴儿习惯身体被大力摇动后，会变得想自己摇晃身体。

07 脚踏车游戏

目标：增强宝宝腿部肌肉力量。

1.让宝宝躺着，妈妈用两手稍微抓住宝宝的脚。

2.不要太用力，让宝宝的脚踝像踏脚踏车似的来回运动。

3.和宝宝的眼神互相接触，并说："骑脚踏车去梦幻花园玩喽！"

4.可配合音乐玩脚踏车游戏。

5.宝宝的心情变好，在做运动的同时，也可进入甜蜜的梦乡。

08 宝宝体操（1）

目标：使宝宝的肌肉、骨骼、关节得到良好的锻炼。

1.抓着宝宝的两手，先弯曲再伸直。

2.抓着宝宝的脚踝，往旁边张开弯缩。

3.搂着宝宝的腰，慢慢地往上托。

4.像卷被子一样，让宝宝轻轻翻身。

5.让宝宝趴着，并轻抬宝宝双手做伸展的动作。

09 宝宝体操（2）

目标：锻炼宝宝的肢体协调能力，促进宝宝运动智能的发育。

1.一手抓着宝宝的脚，另一手支撑着宝宝的身体并推推他。

2.让宝宝两手贴住地面，妈妈抬起宝宝的腿让他倒立。由于宝宝的手臂较柔软，所以请将手摊平。

3.将宝宝的手臂往反方向轻轻地拉伸。

4.抓宝宝的左手和左脚往右边，右手和右脚往左边，同时左右摇动。

5.把宝宝的膝盖往心脏方向轻轻按压。

6.然后两脚高举过头。

7.将4根手指头贴在宝宝的背部，用大拇指轻轻做按压的动作。

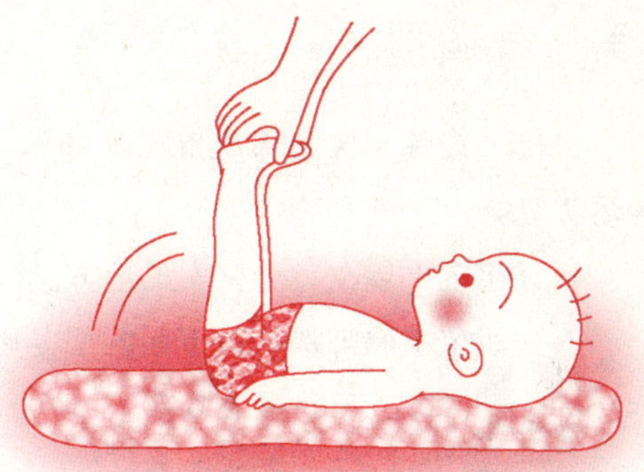

10 蹦蹦跳

目标：训练宝宝的下肢力量，为以后的站立作准备。

1.妈妈可以扶着宝宝腋下，让宝宝站在妈妈腿上。

2.妈妈两手用力，让宝宝做一蹦一跳的动作，并伴随宝宝的动作说“蹦、蹦、跳”，不仅能锻炼宝宝的下肢，还能逐渐让宝宝听懂父母说的话。

11 翻越障碍物

目标：促进宝宝整体运动技能的发展，帮助宝宝大脑神经系统发育。

1.一边呼唤着宝宝，一边将枕头、坐垫、软垫或玩偶等放在妈妈与宝宝之间。

2.请爸爸在旁边帮忙宝宝越过障碍物，并且用“嘿哟！嘿哟！”的声音激励他。

12 抬起来

目标：锻炼宝宝的手臂和腿，有助于发展肌肉和动作的协调性。

1.轻轻抬起宝宝的一条腿说：抬起来，抬起来，一、二，放下（把宝宝的腿放下来）。换另一条腿再重复一遍。

2.换成手臂。

3.同时举起两条腿试试。

4.再试试同时举起两只手臂。

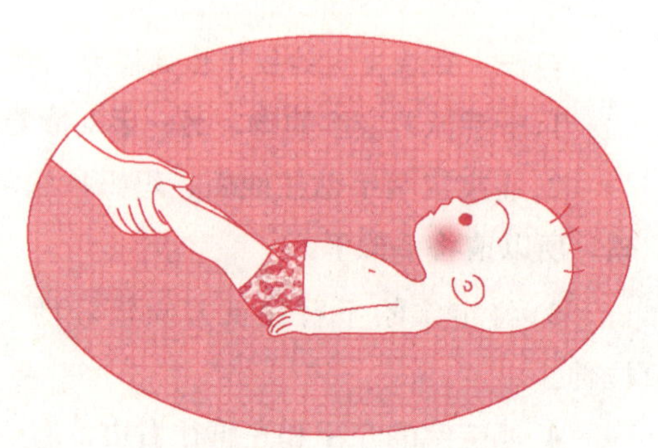

13 弯弯腿

目标：锻炼宝宝腿部肌肉，提高其运动智能。

1.让宝宝平躺在一个坚实的地方。

2.握住宝宝的脚踝，按下面的节奏屈伸大腿。

一、二、三，弯曲膝盖。

一、二、三，弯曲膝盖。

3.用一个你较熟悉的曲调或自编曲调把上面的词唱出来。

14 滚动比赛

目标：提高宝宝的运动智能。

1.让宝宝趴在柔软平坦的地方。（铺地毯的地板或床中央都可以）

2.在宝宝面前放一只玩具熊，并做出各种滑稽的动作，同时说下面的儿歌：

玩具熊，玩具熊，转一圈。(让熊转一圈)

玩具熊，玩具熊，摸摸地。(让熊倒地)

3.宝宝看着小熊时，把它移到一边，这样宝宝的眼睛甚至身体也会跟着转。

4.重复儿歌，每次都移动小熊。如果宝宝累了，改天再试。

15 让宝宝跳舞

目标：锻炼宝宝四肢与身体的平衡能力。

1.双手放在宝宝的腋下，让宝宝在一个柔软的平面上跳舞。

2.边做边朗诵这首由古老的英语儿歌“宝宝摇摆跳舞”改编而来的儿歌：

宝宝摇摆跳舞，
我能给你啥帮助？
让宝宝坐上膝盖，（把宝宝放在膝盖上）
轻轻地拍一拍。（轻拍宝宝的脸颊）
宝宝摇摆跳舞，宝宝摇摆跳舞。

16 弹跳

目标：对宝宝学习保持平衡起着很重要的作用，为宝宝学习走路打下基础。

1.你可以用不同的方式让宝宝弹跳和摇动：让宝宝坐在你的膝盖上，肚皮朝下趴在膝盖上，平躺在膝盖上，然后你上下颠动大腿及左右摇摆。

2.下面是一首弹跳时使用的传统童谣：

赶集，赶集，买头小肥猪；
回家，回家，步子轻快。
赶集，赶集，买块面包；
回家，回家，集市散了。

17 荡秋千

目标：提高宝宝肢体的协调能力和平衡能力。

1.边推宝宝边念诗边唱歌，这有利于宝宝形成韵律感以及神经病系统发育。

2.把宝宝放在你的腿上荡秋千，边荡边念下面这首小诗：

前前后后，前前后后。
荡啊荡啊，前前后后。

4～6个月语言游戏

01 辅音练习

目标：教宝宝练习发辅音，增强语言能力。

1.妈妈用手指着爸爸或爸爸的照片，用口唇使劲发“爸”的音，尽量使声音与人联系。

2.妈妈在照顾宝宝时可以说“妈妈洗洗”“妈妈来啦”“妈妈喂喂”等。

3.当宝宝伸手去够玩具时，妈妈要适时说“拿拿”；当宝宝拍打吊起来的玩具时，妈妈说“打打”。

02 回应宝宝

目标：帮助父母和宝宝之间建立亲密的感情联结，可以鼓励宝宝表达，促进宝宝的语言交流能力。

1.婴儿如果对着妈妈的脸，发出“哇哇”声，好像要说话似的，妈妈应该回答“真的耶！有××呢！”等。

2.婴儿很喜欢和妈妈说话，这种想说话的欲望跟语言的发展息息相关。

3.尽量找时间带婴儿外出散步，并多和他说话，如“有好多车子喔！”“有小狗耶！”等。

03 树林里散步

目标：让宝宝感受自然界不同的声音，提高其对声音的敏感度。

1.到了树林就可以感受到和都市完全不同的声音、气味。

2.把宝宝放在婴儿车里，然后在树林里散步。

3.静静地站着，仔细聆听鸟鸣声，可以提高宝宝对声音的敏感度。

04 咿咿呀呀来录音

目标：提高宝宝的语言智能。

1.爸爸、妈妈和宝宝要一起录音，这样，爸爸、妈妈教宝宝说话的声音也能一起录下来。

2.为了营造更好的气氛，请准备蛋糕和蜡烛。

3.除了录音用的录音带之外，一些值得纪念的宝宝物品（如：幼儿日记、服装、最喜欢的玩具等）也要一起保存。

05 妈妈啰哩啰嗦

目标：刺激宝宝的语言中枢，使宝宝的语言感觉更加发达。

1.一边换尿布，一边跟宝宝说明怎么换尿布。

2.消毒奶瓶或喂奶的时候，也可以跟宝宝说说消毒和喂奶的方法。

3.也可以对宝宝说妈妈现在在想什么，无论做什么事都可以说。

06 一起说

目标：促进宝宝的语言交流能力。

1.这个时期的宝宝经常发出很多种声音。模仿宝宝发出的声音，可刺激宝宝发出更多的声音。

2.把宝宝所发出的“爸爸、妈妈”等词变成句子，如：“妈妈爱宝宝”，“爸爸也爱宝宝”。

3.你越多地重复宝宝发出的声音，宝宝得到鼓励后就会说得越多。这其实就是对话的开始。

07 听声学话

目标：刺激宝宝语言能力的发育。

1.录下宝宝的咿呀声。

2.播放给宝宝听，看宝宝如何反应。

3.声音有没有让宝宝感到兴奋？宝宝会向录音带回话吗？

4.如果宝宝喜欢听录音，试试录一些其他声音，如自然界的声音。

每天游戏指导

第4个月 … 第1周

推荐游戏：【认知类】01寻找声源；【运动类】08宝宝体操（1）；【语言类】03森林里散步

4个月的宝宝对周围的事物开始产生兴趣，对有响声的玩具(如花铃铛、一抓握即响的小动物玩具)更加有兴趣。在宝宝睡醒时，可用上述玩具逗引他抓取。经常练习，可使宝宝手眼协调能力得到快速发展，提高动作的准确度和心理满足。

第4个月 … 第2周

推荐游戏：【认知类】02妈妈抱抱；【运动类】07脚踏车游戏；【语言类】02回应宝宝

换尿布后，宝宝的心情会很好，这时可以用这些简单的游戏来延长这个好心情。特别是在洗澡后，可为宝宝全身抹上乳液或婴儿油，同时帮宝宝轻轻地按摩，效果更好。

对于以上游戏，当宝宝反应积极时，玩的时间可以长一些；反应不积极甚至表现出厌烦时，应该少玩一会儿或立刻停止。

第4个月 … 第3周

推荐游戏：【认知类】03各种不同的声音，06咕噜滚一滚；【语言类】01辅音练习

这段时间，婴儿已经开始知道各种东西会发出各种不同的声音，父母可以和他一起玩声音的游戏，给他不同的玩具，让他自己动手敲出声音。还要多进行对话刺激，让他的听力和语言能力进一步发展。

另外，这个月时，当他用肘部支撑时就可以抬起头部和胸部。这是一个重要的成就，让他获得自由，并根据自己的意愿向四周观看。“咕噜滚一滚”这样的滚球游戏可以锻炼宝宝的视觉和注意力。

第4个月 … 第4周

推荐游戏：【认知类】04听一听，闻一闻；【运动类】05合拢、张开；【语言类】05妈妈啰哩啰嗦

给予宝宝多种感觉的经验，即使是下雨的声音，宝宝第一次听到，也会感到惊奇，让宝宝多通过感官来感受事物，对其大脑的发展有莫大好处。

这个时期的孩子在语言发育和感情交流上进步较快。高兴时，会大声笑，笑声清脆悦耳。当有人与他讲话时，他会发出咯咯咕咕的声音，好像在跟你对话，所以妈妈啰哩啰嗦地跟宝宝聊天，其实是在给予宝宝最好的语言发音指导。

第5个月 … 第1周

推荐游戏：【认知类】05叮当叮当，08水声哗啦啦；【运动类】01小手抓一抓，04拉手帕游戏

宝宝会抓玩具后，经常将抓住的玩具用嘴啃或用舌头舔，这是宝宝在用嘴和舌进行探索，家长不必紧张地将玩具从他口中取走。只要事前把玩具清洗干净即可。

需要注意的是，这个时期的宝宝在拿物品时，不再是两手去取，而是会用一只手去拿，爸爸妈妈可以通过类似“拉手帕”的游戏来锻炼宝宝单手的握力。

第5个月 … 第2周

推荐游戏：【认知类】07声音的高低起伏；【运动类】12抬起来；【语言类】04咿咿呀呀来录音

儿童成长专家丽琪·佩内洛普说：“你的宝宝一天里会发出上百种不同的声音。如果宝宝叫‘爸爸’、‘妈妈’的时候能得到你的鼓掌和喝彩，宝宝就会连续重复这些声音，只因为这让你高兴。”爸爸妈妈可以用摄影机将宝宝小时候的样子拍下来，如果能将宝宝咿呀学语的声音录下来，也是将来很好的回忆！

第5个月 … 第3周

推荐游戏：【认知类】09漂亮的蝴蝶结；【运动类】17荡秋千；【语言类】06一起说

视觉刺激能开发宝宝的智力，但是不同月龄的宝宝视觉刺激有所不同。在5个月时，受到良好刺激的宝宝，通常能辨别红色、蓝色和黄色之间的差异。如果孩子喜欢红色或蓝色，不要感到吃惊，这些颜色似乎是这个年龄段孩子最喜欢的颜色。在这时，孩子的视力范围可以达到几米远，而且将继续扩展。他的眼球能上下左右移动注意一些小东西，颜色鲜艳的蝴蝶结是锻炼宝宝视力和提高认知能力的不错选择。

第5个月 … 第4周

推荐游戏：【认知类】10发条娃娃；【运动类】02换手拿东西，09宝宝体操（2）；【语言类】07听声学话

这周的游戏重点是换手，因为换手是手技巧进步、双手协调的标志。人类的许多技巧都要用手去完成。操纵手的脑神经细胞达20余万个，而活动躯干的神经细胞仅5万个，所以人们都说“心灵手巧”。出生后5～6个月的宝宝开始发展拇指的能力，8～9个月时发展食指的能力。手和眼的协调能发展手的技巧，手和脚的协调能维持身体平衡和动作发育，对宝宝身心的发展都很重要。

本月介绍的其他游戏，都非常适合这一阶段的宝宝，运动机能上的某些差异，多由个性上的不同造成的。有的婴儿爱动，动作发展自然会快一些；有的婴儿好静，动作发展就迟一些，父母不要动不动就拿自己的孩子和别人的孩子进行比较。

即使动作的发展比常规有所提前，也不能认为他一定会是个超常的婴儿。对爱动的婴儿，父母可试着帮他做做婴儿体操，以促进其运动机能的发展。父母可以每天挑选适合自己宝宝的游戏来跟孩子进行互动。

第6个月 … 第1周

推荐游戏：【认知类】11水气球；【运动类】10蹦蹦跳，13弯弯腿

这个阶段，宝宝处在“发现”阶段。随着认知能力的发育，他很快会发现一些物品，例如铃铛和钥匙串，在摇动时会发出有趣的声音。当他将一些物品扔在桌上或丢到地板上时，可能启动一连串的听觉反应。水气球的柔软触感和神奇发现会让宝宝变得非常高兴。

第6个月 … 第2周

推荐游戏：【认知类】14我在哪儿；【运动类】03双手敲一敲，16弹跳

宝宝6个月大时就能看见多种物体，并试着调整自己的位置以便看清楚想看的东西。可用下列游戏来测试宝宝的视力：

站在约6米以外的地方，举起手指头，让他跟着你举起相同的指头数。如果他无法办到的话，应带他去看医生。如果宝宝的视力有问题，他更需要视觉刺激，因此颜色和形状不同的玩具对他来说特别重要。

另外，家长们平时还要留心观察小儿看东西的姿势。如果小儿总爱眯着眼、怕光、歪头，都应考虑眼睛是否出了问题。

在动作方面，可以尽量让这个时期的宝宝玩一些能够使用到整个手腕或指尖的游戏。

第6个月 … 第3周

推荐游戏：【认知类】13揉揉摸摸小宝宝；【运动类】14滚动比赛，15让宝宝跳舞

在婴儿的运动、平衡和空间知觉能力方面，父亲起着更大的作用。父亲常常把婴儿举得很高，逗得他们咯咯大

笑，这种具有兴奋性、刺激性和变化多样的肢体运动的游戏可刺激婴儿，提高他们的兴奋性，使婴儿更加愉快、活跃、开朗。

父亲常常具有独立、自信、坚毅、勇敢等特征，勇于克服困难、富有进取心，这些都会对孩子起到潜移默化的影响。因此，在婴儿成长过程中，父亲对婴儿的积极个性品质的形成和发展显得非常重要。

父亲也是性别角色正常发展的重要源泉。父亲积极参与婴儿的接触，有助于婴儿对男性和女性的作用与态度产生积极、适当而灵活的理解。

第6个月 … 第4周

推荐游戏：【认知类】12唱歌点点点；【运动类】06趴着前进，11翻越障碍物

一边唱歌，一边配合节奏在宝宝身上轻轻拍弹。宝宝听着妈妈唱歌，也会随旋律舞动身体。

爬行是一种极好的全身运动，它能促进宝宝身体的生长发育。宝宝在爬行的过程中，头颈抬起，胸腹离地，用四肢支撑身体的重量，这就锻炼了胸、腹、背与四肢的肌肉，并可促进骨骼的生长，为日后的站立与行走打下良好的基础。

每个宝宝的发育程度不同，有些宝宝四个月就能玩的游戏，其他宝宝可能要到五六个月才会感兴趣，才能玩得好，作为父母不要太着急，在积极刺激宝宝的同时，给他适合自己的，即使重复也没有关系。

三、7~9个月游戏与指导

7~9个月认知游戏

01 发出声音的器皿

目标：刺激宝宝的听觉，引发宝宝的好奇心。

1.在宽口的器皿中放入米粒、豆子或小东西，并将盖子盖好。

2.妈妈高兴地摇晃器皿。

3.让宝宝也试着摇摇看。

4.放入的东西不同，发出的声音与感觉也不同。

02 世界的所有感觉

目标：提高宝宝的综合认知能力。

1.让宝宝到外面听一听鸟声、风声、水流声、汽车声等。

2.逗逗小狗，让宝宝听一听狗吠声；到树下让宝宝摸一摸叶子。

3.把宝宝带到有人大声说话的场所，听一听不同人们的各种嗓音。

03 照镜子

目标：提高宝宝的自我认知能力。

1.在照全身镜的时候，不妨和宝宝这样做：笑一笑。

2.晃动身体的不同部位。

3.边做鬼脸边发出滑稽的声音。

4.用嘴唇发出怪声。

5.模仿动物的声音。

6.前后摇摆。

04 声音无处不在

目标：让宝宝感受各种声音，提高宝宝的智力。

1.用嘴发声，并把宝宝的手放在你的嘴唇上感受一下。

（1）发出小蜜蜂的“嗡嗡”声。

（2）鼓起两腮，闭嘴哼唱。

（3）发出警报声音。

（4）咳嗽。

（5）装作打喷嚏。

2.把不同的纸弄出声响。玻璃纸和棉纸的声音都很有趣。

05 球到哪里去了

目标：帮助宝宝建立客体永存的概念。

1.和宝宝一块儿躺在地上。

2.手里拿个球（或其他玩具），和宝宝说说它。

3.把球藏起来——放在椅子背后或你的口袋里。

4.问问宝宝：“球到哪里去了？”

5.再把球拿出来，说：“猫！”

6.反复玩这个游戏，每次都换个地方藏球。

06 小脸蛋儿

目标：促进宝宝的语言发育，建立良好的亲子感情。

1.和宝宝说话的时候摸摸他（她），会在你们之间建立信任。

2.给宝宝念这首诗：

小脸蛋，(摸摸宝宝的脸蛋儿)

小下巴，(摸摸宝宝的下巴)

食物从这里进来啦！(摸摸宝宝的嘴巴)

小眼睛，(摸摸宝宝的眼睛)

小鼻子，(摸摸宝宝的鼻子)

我要亲你的小脚丫。(亲亲宝宝的脚趾)

07 看图说话

目标： 提高宝宝的语言智能。

1.每天要抽出一点儿时间来读书，睡觉前的时间就不错。

2.要选择句子简短和有插图、容易懂的书。

3.让宝宝拿着书自己翻页。

4.先给宝宝讲讲图片，然后再讲故事。

5.停下来谈谈宝宝感兴趣的任何事。图片可能让宝宝想起其他的事情。使用大量描述性的语言和宝宝交谈。

08 认知室内物品

目标： 提高宝宝的认知能力。

1.让孩子看图和实物，看清形状、颜色，指认一件，叫出这件物体的名字，如沙发、电视机、桌子、椅子……

2.要调动“重复”这个手段，加快认知过程。

09 认知动物

目标： 发展认知能力，发展语言能力，满足孩子热爱动物的天性，培养爱护动物——人类朋友的善良之心。

1.给孩子指认图上的小狗、小猫、鸽子、鱼，大人可模仿其叫声。如有实物，可对照认知。

2.反复感知后，当大人说出小狗，孩子可从图上指认出来。

7～9个月运动游戏

01 滚球球

目标：促进宝宝的运动灵活性。

1.当宝宝能很轻松坐起来的时候，滚给他（她）一个球。

2.开始时可以用柔软的布球。

3.轻轻地滚动球，给宝宝示范如何抓到它。

4.宝宝非常喜欢这个游戏，尤其球滚过来的时候宝宝会很兴奋。

5.滚球的时候可以给宝宝唱下面这首儿歌：

滚，滚，滚球球，滚给乖宝宝。

滚呀，滚呀，滚，滚给乖宝宝。

02 抓住摇晃的球

目标：帮助宝宝锻炼上肢肌肉力量，提高宝宝肌体控制能力，促进宝宝空间感知能力的提高，加强对距离的感受。

1.将球或气球绑在绳子上左右摇晃。

2.此时宝宝为了抓住球会伸出手来。请在宝宝可以抓到球的距离里，让球晃动。

3.让球逐渐地晃到较远的地方，而宝宝想要抓到球，就要移动自己的身体。

4.如果宝宝抓到了球，就请妈妈跟他玩“拔河”游戏——互相拉扯球，并且故意输给宝宝，然后说：“我们的宝宝力气好大啊！”来鼓励宝宝。

03 往前爬抓玩具

目标：增强宝宝前庭与小脑的平衡能力，为日后宝宝运动智能的发展奠定良好的基础。

1.宝宝开始能爬时，在稍微有一段距离的地方放置玩具，吸引他爬过去抓。

2.刚开始，宝宝的身体不能往前移动，妈妈要在后面轻轻地推宝宝的身体。

3.慢慢地把玩具放在远一点的地方，使爬行的距离愈来愈长。

04 倒了，哗啦啦

目标：提高宝宝肌体控制能力。

1.妈妈将积木堆成2～3层的塔。

2.好不容易堆起来的塔，让宝宝轻易地弄倒。“哗啦”一声，宝宝乐开了。

3.妈妈一边装出哭的声音和表情，一边说：“我们的宝宝把妈妈堆的塔弄倒了啦！”然后再把塔堆起来。

4.宝宝又会继续想要把塔推倒。

05 越过枕头山吧

目标：使宝宝身体的平衡功能获得发展。

1.请把被子、枕头、坐垫堆起来。

2.然后宝宝就会爬上去。

3.妈妈喊着“嘿哟！嘿哟！”来鼓励宝宝。

4.宝宝爬上去的样子是多么可爱啊！

5.妈妈在“枕头山”的另一边伸出脸，并与喊“哇”的游戏连接看看。

06 撕纸游戏

目标：发展宝宝的动作，锻炼宝宝的手部肌肉力量。

1.妈妈将几张报纸订在一起，然后拿给宝宝。

2.让宝宝把报纸一张一张地撕下来。

3.妈妈可先撕一张来做示范。

07 画一个圆

目标：锻炼宝宝手的灵活性和准确性。

1.妈妈伸直手臂，画一个大大的圆。

2.让宝宝也跟着妈妈一起做。

3.在画圆的同时，身体就会展开成一直线。

4.用右手和左手交替来画圆。

5.慢慢将左、右手伸展到极限，画一个大圆，才能达到运动的效果。

08 穿越隧道

目标：有助于丰富宝宝的空间知觉和视觉空间智能。

1.妈妈用膝盖和手臂靠着地面，然后趴在地上。

2.让宝宝从膝盖和手臂之间爬过去。

3.宝宝想要经过的时候，就用膝盖和手臂把宝宝抓住。

4.宝宝就会一边笑一边想要溜过去。

5.为了想要溜过去必然会花费很多力气，很自然地就让宝宝的全身得到了运动。

09 助爬

目标：锻炼宝宝的肢体协调能力，提高其运动智能。

1.孩子俯卧，双手支撑着前胸，大人用手在后面推着孩子双脚掌，使孩子借助大人力量向前移动身体。

2.还可在孩子前面放些引诱物，引逗他去拿，久而久之就会爬了。

10 玩球

目标：提高宝宝的模仿能力。

1.孩子坐好，大人把球（直径5～6厘米，孩子能抓起来）滚到孩子跟前，教孩子像大人那样滚回去，交替往返，逐渐拉远距离。

2.除滚球以外，还可穿插让孩子扔球，用小脚丫踢，变换多种玩法。

3.注意孩子坐时的平衡，别让孩子倒下，以免磕碰头部和其他部位。

4.会爬的孩子要想爬着够球，大人不要干预，更要注意安全，以防不测。

11 手指的屈伸

目标：提高宝宝的模仿能力和手指灵活性。

1.大人先示范，用手指抓挠，再把孩子一只手稍举，让他进行模仿，学会后大人要表扬“好棒！好棒！”。

2.当见了别人，就鼓励他给抓挠。反复进行，大有好处。

7～9个月语言游戏

01 一起来咿咿呀呀

目标：帮助父母和宝宝之间建立亲密的感情联结，鼓励宝宝表达，促进宝宝的语言交流能力。

1.请妈妈跟着宝宝的话说说看。

2.学着宝宝发出的声音。

3.请妈妈把自己想说的话用宝宝说话的方式说出来。

4.宝宝会因为觉得有趣而张嘴笑呵呵。

02 呼吸新鲜空气

目标：提高宝宝的语言智能。

1.将空气清新的地点列出一个表来。如：附近的小山坡、登山道、公园、河边等。

2.请到各个地方走走，享受散步的快乐。

3.对着宝宝说：“哇！舒服又清新的空气，头脑会变得聪明喔！”

03 问与答

目标：提高宝宝语言交流能力的发展。

1.请妈妈好像在跟宝宝对话一样地自问自答。

2.“宝宝想要成为什么样的人呀？”“想成为帮助人的善良的人啊！”一边这样自问自答，一边抚摸宝宝的头。

3.试着这样问：“宝宝哪里最漂亮呀？”

4.请妈妈养成每件事都要跟宝宝对话的习惯。

04 会发声的面具

目标：让宝宝初步熟悉不同动物的各种声音，愉悦宝宝的情绪。

1.在纸上贴一张动物图画，做成动物面具。

2.妈妈戴上贴有小狗图案的面具，并发出小狗的叫声。

3.妈妈戴上小牛面具，并发出“哞！哞！”的声音，模仿牛的叫声和动作。

4.宝宝对面具所发出的声音感到很新奇，会摸摸面具，并且呵呵大笑。

5.宝宝会以为声音真的是面具上的那些动物所发出的。

05 摸摸妈妈的嘴唇

目标：提高宝宝的语言能力。

1.妈妈一边说着“妈妈”，同时让宝宝的手碰触妈妈的嘴唇。

2.妈妈一边说着“妈妈”，同时用手指着自己。

3.妈妈一边说着“××（宝宝的名字）”，一边让宝宝听着自己的名字，并用一只手碰触妈妈的嘴唇，另一只手碰触自己的身体。

06 电话游戏

目标：调动宝宝对语言的兴趣，促进语言智能的发展。

1.让宝宝靠坐在床上，妈妈坐在对面。

2.妈妈拿起玩具电话，对着电话说："喂，宝宝在家吗？"

3.再帮助宝宝拿起电话，说："丁铃铃，来电话了，宝宝接电话吧。"

4.妈妈分饰两个角色，演示妈妈和宝宝的"对话"，可以聊聊今天妈妈做的事和宝宝做的事。

07 大声念书

目标：提高宝宝的语言能力。

1.请一个字、一个字清清楚楚地念出来。

2.宝宝应该也会跟着妈妈咿咿呀呀地念。

3.宝宝开始咿咿呀呀地说话，请配合宝宝的节奏念。

4.妈妈和宝宝一起大声念书的话，宝宝也可以建立快乐念书的习惯。

08 对小朋友感兴趣

目标：培养宝宝与人交往的能力，提升宝宝智能。

1.这段时间他虽然不会跟别的小孩一起玩耍，却很喜欢在旁边看。

2.多带他到外面，让他有机会跟别的小朋友玩。

3.外出时，妈妈应该帮他找朋友。

4.婴儿虽然还没有朋友意识，对朋友的兴趣却很浓厚，这时候要帮他打好交朋友的基础。

09 宝宝模样的扇子

目标：提高宝宝的自我认知能力，提升语言智能。

1.在扇子的两面贴上白色的纸。

2.在其中一面贴上宝宝的照片。

3.在另外一面画上宝宝的笑脸。

4.让宝宝拿着扇子把玩。

5.宝宝会看着自己的脸和笑脸，然后学表情。

6.妈妈可以不时地用扇子给宝宝脸上扇风。

10 指令操作

目标：教宝宝听懂指令性语言，提升语言智能。

1.父母面对宝宝，发出简单的指令，如叫他拍拍手，摇摇头，或伸出舌头笑一笑等。

2.一边说一边亲自做示范给宝宝看，如果宝宝能够了解说话的内容，父母可只说话，不做示范。

每天游戏指导

第7个月 … 第1周

推荐游戏：【认知类】03照镜子；【运动类】01滚球球，02抓住摇晃的球

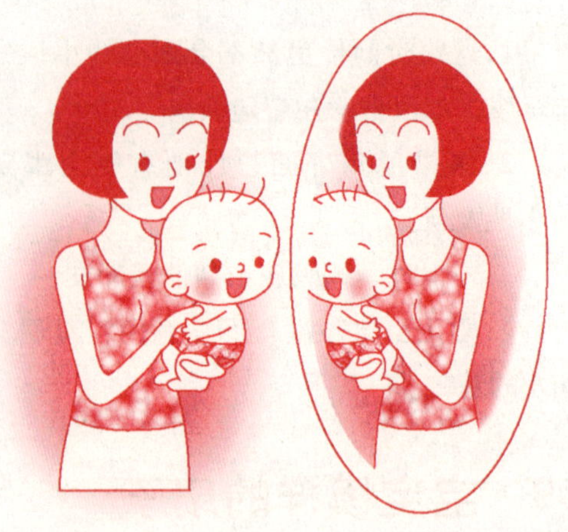

此时期宝宝已能在镜子中发现自己，并与这个新伙伴聊天。照镜子时会笑，用手摸镜中人。

现在的宝宝不用手支持而仍然可以保持坐姿。他从这个新的起点观察世界时，他会发现用手可以做很多令人惊奇的事情。他已经可以够到离自己不远的玩具，可以抓住在自己眼前摇晃的球，并且跟爸爸妈妈来一场拔河比赛了。

根据宝宝的这些特点，推荐父母多跟宝宝玩以上游戏，让宝宝的智能发展更上一个台阶。

第7个月 … 第2周

推荐游戏：【认知类】01发出声音的器皿；【语言类】01一起来咿咿呀呀，03问与答

此时的宝宝听力比以前更加灵敏了，能分辨不同的声音，并学着发声。孩子愉快时，就会咿咿呀呀学语。宝宝语言正是在咿咿呀呀学语中发展起来的。在其他条件等同的情况下，愉快的孩子比不愉快的孩子学话要快些、好些。

第7个月 … 第3周

推荐游戏：【认知类】04声音无处不在；【运动类】04倒了，哗啦啦；【语言类】04会发声的面具

此时家长参与孩子的语言发育过程更加重要，这时他开始主动模仿说话声，在开始学习下一个音节之前，他会整天或几天一直重复这个音节。能熟练地寻找声源，听懂不同语气、语调表达的不同意义。现在他对你发出的声音的反应更加敏锐，并尝试跟着你说话，因此多跟宝宝玩一些带有声音的游戏，将会让他的语言能力进一步提升。

第7个月 … 第4周

推荐游戏：【认知类】05球到哪里去了；【运动类】09助爬

此时的宝宝，玩具丢了会找，能认出熟悉的事物。为了激发宝宝的智能，培养观察力，父母一定要带宝宝多做找东西的游戏。同时为了增加宝宝的新鲜感，妈妈要用不同的方法同他做游戏，使宝宝积累一些经验，如可以拿开盖布、盖盒、枕头、被子等将玩具找出来。玩具消失时间不要太长，以免宝宝失去兴趣。

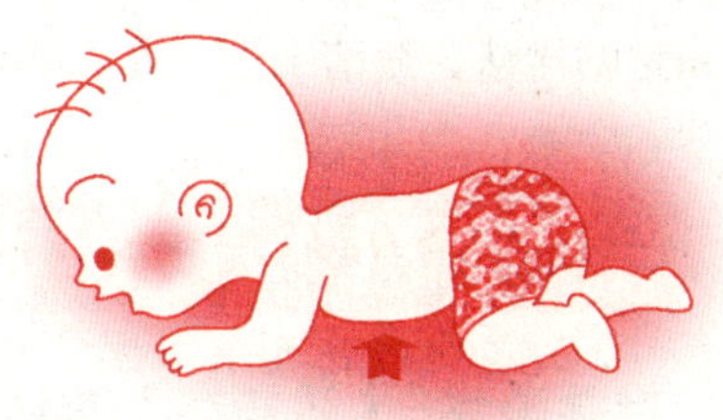

在大动作方面，一些体能发展较好的宝宝，现在已经能够自己爬了，爬是一项非常好的，有助于宝宝身体协调和大脑发育的运动。七八个月的宝宝正处于“爬”的敏感期，而且这一敏感期是不可复制的，很多一岁多的宝宝还不会爬，就是因为错过了这个敏感期。所以，对于还不擅长爬的宝宝，家长可以加强训练。需要注意的是，训练时间不宜过长，防止孩子手臂支撑不住，碰伤脸部。

第8个月 … 第1周

推荐游戏：【认知类】02世界的所有感觉；【运动类】06撕纸游戏；【语言类】02呼吸新鲜空气

人的大脑在幼儿期，特别是周岁前的时间，发展得最为快速。外面对宝宝来说就是一个神奇的世界，为了让头脑保持正常发展，请让宝宝经常呼吸清新、干净的空气，带宝宝一起出去逛逛吧！

在动作方面，宝宝手部可以做一些比较精细的动作，撕纸能够帮助宝宝锻炼手部肌肉以及双手协调能力，同时撕纸的响声能给宝宝带来愉悦，但是不宜纵容宝宝什么纸都去撕，如果宝宝形成印象认为纸都可以撕，以后就难以改正。

第8个月 … 第2周

推荐游戏：【认知类】06小脸蛋；【运动类】03往前爬抓玩具，05越过枕头山吧

爬行多和爬行灵活的宝宝，学习站立行走更容易。通过爬行训练能够有效提高宝宝昂首挺胸、抬腰、四肢支撑身体的能力。经常练习爬行的宝宝神经纤维联系成网较早，视听动作协调灵敏，分辨能力高，对以后的学习会产生深远影响。视觉分辨能力良好有利于阅读，听觉分辨能力良好有利于理解；动作体位的协调有利于空间知觉的辨认，分清上下、左右和前后；平衡能力良好有利于各种体能运动训练。

第8个月 … 第3周

推荐游戏：【认知类】08认知室内物品；【语言类】05摸摸妈妈的嘴唇

除了耳朵之外，宝宝也会利用眼睛、皮肤来学习语言。你可用以下方法提高他的语言能力：慢慢地清晰地和他说话；使用短句，继续区分物体，说名字时要指给他看。

婴儿学会模仿唇形，发出辅音，现阶段婴儿的学习就是一个模仿过程，模仿能力越强学到的东西就越多，语言更是如此。妈妈同婴儿说话时，话要简单，口形明确，以利于宝宝模仿。

同婴儿说话要从他一生下来就开始，父母可利用各种场合跟婴儿说话，并且说话要富有表情，努力为孩子提供良好的语言环境。

第8个月 … 第4周

推荐游戏：【认知类】09认识动物；【语言类】06电话游戏

要调动宝宝说话的热情，可以教孩子一些简单的动物的发音，并且从图片上指出来，建立发音和事物之间的联系。尽量重复宝宝“咿咿呀呀”的语言，并且加上相应“注释”。在“电话”游戏中，父母要尽量通过强调某个词汇，加强宝宝对生活常用词的认识和理解。

这个时期的宝宝已经能独自坐一段时间了，所以，在孩子情绪好的时候，父母可将一些玩具放在婴儿周围，让他自己玩一会儿，有利于养成从小独立支配自己的好习惯。让孩子自己玩多长时间要视具体情况而定，应注意不要孩子一闹就抱，但也不要让孩子哭得太厉害。可以有计划地逐渐延长孩子自己玩的时间。孩子独自玩耍时，父母应经常留心察看，确保孩子的安全。

第9个月 … 第1周

推荐游戏：【认知类】07看图说话；【运动类】11手指的屈伸；【语言类】07大声念书

此时，宝宝的拇指和食指能捏起细小的东西，另一个非常重要的动作，就是伸出食指，表现为喜欢用食指抠东西，例如抠桌面，抠墙壁。这些动作的出现不是偶然的，是孩子心理发展到一定阶段表现出来的能力，是表示孩子出现了一些探索性的动作。所以，为了让宝宝有一双灵巧的手，父母可以经常跟宝宝做手指屈伸的游戏，而且左右手都要进行。

在语言和认知方面，家长不妨多给宝宝看图的机会，并且边看边说上面的内容。甚至和宝宝一起朗读书中的文字，虽然宝宝不懂里面的内容，但是单纯地大声念书，也可以让宝宝头脑发达。朗读的声音可以刺激头脑，使得脑部细胞的活动更加活泼。

第9个月 … 第2周

推荐游戏：【运动类】08穿越隧道；【语言类】08对小朋友感兴趣

这个时期的宝宝已经学会了爬，并且非常喜欢匍匐前进这样的游戏，所以家长可以用各种方式满足孩子的这种“爬”的需求，之前做过的一些关于爬行的游戏可以继续拿来跟宝宝做。

此时的宝宝喜欢自己玩，但是这并不妨碍他对别的小朋友感兴趣，他更喜欢观察别人，家长多带宝宝出去接触其他孩子，对他的社交能力发展非常有好处。

第9个月 … 第3周

推荐游戏：【运动类】10玩球；【语言类】09宝宝模样的扇子

宝宝喜欢新异的东西，好奇心驱使着他，什么都想摸摸、动动。宝宝就是通过这种反复的动作逐渐了解到“动作”和“结果”的联系，从而发展了其认知能力。

因此，家长要保护和鼓励这种好奇心。凡是没有危险的东西，都可以让孩子自由地玩或扔，以满足他的好奇心和探索愿望，培养他的初步思维活动。但对有危险的动作或东西，应该用语言和表情加以制止，告诉他不要动，甚至让他自己体会一下。如热水很烫手，轻轻摸一摸，以后就不敢再动有危险的东西了。

第9个月 … 第4周

推荐游戏：【运动类】07画一个圆；【语言类】10指令操作

现在他能够理解更多的语言，你的交流具有了新的意义。在他不能说出很多词汇或者任何单词以前，他可以理解的单词可能比你想象的多。所以，在画形状的过程中，家长要跟宝宝面对面坐着，一边说圆形、三角形、四边形，一边跟着画出形状的游戏，加深他对事物的理解和关联。

此时他也许已经能用简单语言回答问题；会做 3 ～ 4 种表示语言的动作；对不同的声音有不同的反应，当听到“不”或“不动”的声音时能暂时停止手中的活动；知道自己的名字，听到妈妈说自己名字时就停止活动，并能连续模仿发声。所以，此时的父母可以跟宝宝玩指令操作的游戏，父母指令的发出可以由慢到快，由一项指令到多项指令，难度逐渐增大，当宝宝执行动作的游戏玩熟练以后，可以转换角色，让宝宝做发令员。

四、10～12个月游戏与指导

10～12个月认知游戏

01 木琴演奏

目标： 让宝宝感受不同的声音，提高听觉能力，并培养其节奏感。

1.妈妈握着宝宝的手，一边敲打木琴，一边唱歌。

2.即使歌声和拍子搭不起来也无所谓。

3.这一次，请让宝宝独自演奏看看。

4.有时候，宝宝也会自己一边敲打木琴，一边唱歌。

02 翻书

目标： 提高宝宝的听觉能力、倾听习惯以及语言符号识别能力。刺激宝宝手指精细运动能力的发展。

1.拿专供婴儿阅读的大开本彩图、薄而耐用的书，边讲边帮助他自己翻着看，最后让他自己独立看书。

2.家长观察孩子是否顺着看，从头开始，每次翻一页还是几页。

3.孩子开始时可能不分倒顺和次序，要通过认识简单图形逐渐加以纠正。

4.随着空间知觉的发展，孩子自然会调整过来。

03 抓转动的球

目标：锻炼手部动作的准确性，发展视觉追踪以及与手部运动的和谐配合能力。

1.将球放入碗里后，球会自己转动喔！

2.让宝宝观察球在碗里转动的情形。

3.让宝宝抓抓转动的球。

04 把气球弄破

目标：提高宝宝的感知能力。

1.请将气轻轻地吹入气球中。吹太鼓的话，气球很容易破掉，就不好玩了。

2.因为气球不容易破，宝宝可以用身体摩擦气球。

3.也可以让宝宝用手搓揉气球，把气球抱在怀里或用力夹住。

4.因为气球不会很鼓，即使用脚踩踏也不容易破。

5.玩一阵子之后，将气球“砰”的一声弄破，会很有趣喔！

05 敲打牛奶盒

目标：刺激宝宝听觉，促进大脑发育。

1.在洗净的牛奶盒里放入一些珠子。

2.让宝宝用玩具槌子“突！突！”地敲打牛奶盒。

3.盒子里发出珠子撞击的声音，能刺激宝宝的听觉。

4.用槌子往牛奶盒的中间敲打，珠子就“骨碌碌”地滚来滚去。

06 敲“鼓”

目标：提高宝宝手指动作的精细化程度。使眼、手、脑的配合协调能力进一步发展。

1.将奶粉罐横放在宝宝前面，让宝宝手里握住一根筷子。

2.先教宝宝敲打的方法。

3.如果有打鼓的图片，请给宝宝看。

4.这时，请让宝宝的双手分别拿着一根筷

子，往奶粉罐的两边敲打。

5.两边发出的声音若不一样，宝宝会觉得更有趣。

6.再做一个鼓，妈妈可以和宝宝一起合奏。

07 给瓶配盖

目标：刺激宝宝的听力。

1.让宝宝玩大大小小的瓶。

2.宝宝打开盖子后又盖起来，想找合适的瓶盖。

3.如果宝宝找对盖子，请鼓掌给予鼓励。

08 玩具键盘

目标：提高宝宝的听觉记忆能力，并培养其音乐节奏感。

1.让宝宝坐在的膝上，然后一起敲打键盘。

2.请从高音开始弹，再弹到低音。

3.请妈妈一边弹奏，一边告诉宝宝音阶。

4.请重复弹几次相同的音阶，让宝宝熟悉。

5.用钢琴弹简单的儿歌，并边弹边唱。

6.宝宝会随着琴声，跟着一起唱。

09 野外探险

目标：提高宝宝的自然认知能力。

1.和宝宝一起在草地上爬。

2.告诉宝宝感兴趣的东西都叫什么。

3.闻闻花香、用小草挠痒、寻找小虫子等，有好多事情可做。

4.在草地里打滚是很有趣的，宝宝将充分享受那种刺痒的感觉。

10 里和外

目标：帮助宝宝理解里、外、上、下、前、后的空间概念，提高其智力水平。

1.从“里”、“外”这些概念开始。

2.拿一个大纸袋，在里面放一个宝宝最喜欢的玩具。

3.帮宝宝找到玩具，并把它拿出来。

4.再把它放进去，重复玩几次。

5.编一首类似下面的滑稽儿歌，每次把玩具放进袋子的时候唱一遍：

怪怪纸袋，
玩具进来，
嘭、嘭、嘭！（最后一声稍大）

11 在哪里

目标：提高宝宝的认知和记忆能力。

1.和宝宝坐下来一块儿看看照片。

2.找出家人的照片。

3.边看照片边告诉宝宝照片上是谁。再说一遍这个人的名字，让宝宝在照片里指认。

4.然后用手盖住照片，让宝宝去找那个人。

5.换张照片继续玩儿。

6.宝宝懂得的东西会越来越多。

10～12个月运动游戏

01 横跨迈步

目标：促进宝宝腿部肌肉和骨骼的生长，提升其运动智能。

1.宝宝睡醒后，妈妈可以帮助宝宝扶着床栏站起，并让宝宝扶着床栏横跨迈步。

2.妈妈也可以让宝宝在铺着地毯或者席子的地上玩，宝宝会扶着椅子

的支架站起来，双手扶着椅子或床沿学着迈步。

3.也可以把凳子排成行，每张凳子相距30厘米，宝宝会扶着凳子迈步。

02 站起来

目标：平衡宝宝身体，促进身体各部位的协调能力。

1.在地上铺好柔软的垫子。

2.扶着宝宝的腋下，帮助宝宝站起来。

3.请保持上面的动作，让宝宝慢慢地往前走。

4.妈妈如果将手慢慢放开的话，宝宝马上就会歪歪扭扭地跌坐在地上。

5.重复这个过程几次之后，宝宝会觉得很累，所以请让宝宝充分地休息。

6.宝宝如果自己站起来的话，请全家人给予欢呼，增加宝宝的勇气。

03 滑滑梯

目标：锻炼宝宝的攀爬迈步能力，促进肢体协调智能的发展。

1.让宝宝自己扶栏杆上滑梯，妈妈要在旁边协助和保护宝宝。

2.让宝宝一只脚先上去，另一只脚跟上，每一步都踏稳后再尝试迈上一梯。

3.如果需要换脚上梯时，帮宝宝用手拉住扶手，身子微微向前。

4.爬上去后，让宝宝坐好再往下滑。滑下来时要帮宝宝扶好扶手，注意速度和脚落地时的动作。

04 谁吹出来的气

目标：增加宝宝的肺活量，让宝宝的脸部肌肉结实。

1.在桌角放一张纸，使纸张的一部分露出桌外。

2.妈妈先吹气，让纸张飘扬。

3.纸张被吹得团团转，飞走了。

4.让宝宝试试看。

05 夹子游戏

目标：锻炼宝宝手部肌肉的能力。

1.引导宝宝将夹子夹在纸上或绳子上。

2.让宝宝用夹子夹起重量轻的物品，移动看看。

3.让宝宝用夹子发出“答答”的声音。

06 用汤匙搬运米

目标：促进手部精细动作的发展。

1.在碗里放入黄豆或米后，妈妈先给宝宝示范，用汤匙将黄豆或米移到其他的碗里。

2.让宝宝模仿妈妈的动作。不要急，让宝宝慢慢来。

3.让宝宝将掉出来的米捡回碗里。

07 踢皮球

目标：促进孩子腿部骨骼、肌肉的发育，激发孩子走路的兴趣。

1.地上放一只皮球，妈妈站在孩子身后，用双手扶住孩子的腋下。

2.引导他往前走，去追踢地上的皮球。

08 用棍子够玩具

目标：培养孩子了解物体与物体之间的关系，初步尝试使用“工具”。

1.把玩具放在孩子能看到但用手够不着的地方，然后给孩子一根细长的纸棍，看他会不会用棍子够玩具。

2.如果给他示范，他就会模仿。

3.不要苛求孩子能准确地把玩具取出来，只要能用棍子碰到玩具就是成功。

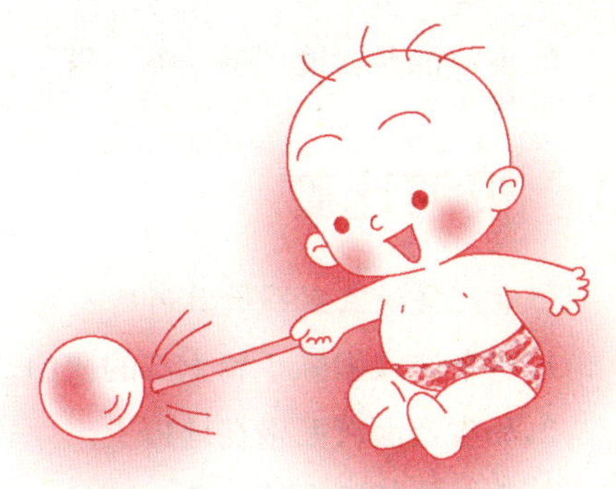

09 钓鱼游戏

目标：发展手眼协调能力和上肢控制能力，锻炼整个身体的动作协调性。

1.将铁丝衣架展开成一字形。

2.衣架的挂钩部分请保持原样。

3.可以用衣架来玩钓东西的游戏。

4.将杯子或玩具等所有可以钓的东西放在有点距离的地方，让孩子钓起来。

10 啦—嘀—嗒

目标：促进宝宝四肢运动，增强自我意识。

1.这既是一个很好的伸展训练，又是学习认识身体部位的好办法。

2.向上高举手臂，然后弯腰尝试够到脚尖。

3.鼓励宝宝照着做。

4.举手的时候说：

高举手臂，
向下够脚，
啦—嘀—嗒—

5.做几次以后换其他部位，比如说：

高举手臂，
向下够膝，
啦—嘀—嗒—

6.宝宝很喜欢说“啦—嘀—嗒”。

11 拔河比赛

目标：促进宝宝四肢肌肉的发育，提高运动智能。

1.这个游戏锻炼手臂上部的肌肉，宝宝绝对会喜欢。

2.和宝宝面对面坐在地板上。

3.手抓住长围巾的一角，把另一角给宝宝。

4.轻轻地拽动长围巾，教宝宝怎么把它拉回去。

5.宝宝使劲儿拉的时候，你假装倒下，宝宝会非常开心。

12 用杯子喝水

目标： 锻炼宝宝手拿物品的能力以及手、眼的协调性，促进其大脑的发育。

1.此时的孩子可以用杯子喝水了，应多锻炼，使相关的几个部位如手、嘴、呼吸系统相协调。

2.杯内放些孩子爱喝的饮料，递给孩子让他双手拿好，大人帮他扶正放到嘴边，开始帮他控制角度和方向，让他自己喝。

3.一改过去大人喂，变成自己独立喝，孩子很有痛快心理，再也不愿意大人喂了。

13 跟我做

目标： 锻炼整体运动技能有助于宝宝建立脑连接。

1.做一个动作让宝宝照做，如果宝宝不明白“照做”的含义，你可以直接移动宝宝的身体跟你一块儿做。

2.站在一面大衣镜前做这个游戏。

3.比如：迈大步（如果宝宝还不会走，就换成爬行），迈小步（如果宝宝还不会走，也换成爬行）。

4.手臂侧伸，绕一大圈。换只手臂绕圈。抱一个大沙滩球，扔球，捡球。

14 练蹲蹲

目标： 锻炼宝宝下肢肌肉的力量，为以后行走打下良好的基础。

1.大人盘腿坐在床上，让婴儿在面前站立，大人的腿轻轻压着孩子的脚面，然后拉着孩子的手，让他慢慢蹲下，再让孩子挺身站起来，口中说：“蹲蹲站站，多吃饭饭。”

2.反复做几次，时间长了，腿自然就练硬了。

15 捏豆豆

目标：提高宝宝手部精细运动能力。

1.用一小口玻璃瓶，让孩子把撒在地上的小红豆、小绿豆、大米粒、黄豆等捏进瓶内。

2.为了激发他的兴趣，大人可以跟孩子一块捡，边捡边唱：

捡豆豆吃肉肉，
吃进豆豆拉臭臭。

16 溜边走

目标：练习腿部力量，提升肢体协调智能。

1.以游戏形式，爸爸在客厅东面，妈妈和孩子在客厅西面，爸爸诱逗孩子过来，妈妈可让孩子扶着沙发走过去，如沙发之间有空隙，尽量让孩子自己想办法（爬或要求大人帮助），一定要走到爸爸跟前。

2.大人诱逗时可唱儿歌：

走一走，扭一扭，扶住沙发不离手，
不离手，慢慢走，绕过屋门口，
走得好不好，妈妈快瞅瞅。

17 玩铁筒

目标：帮助宝宝练习爬行，锻炼宝宝肢体的协调性。

1.用空铁皮筒，内装石子、棋子、扣子等物，让孩子爬着滚动。

2.或边爬边推玩具汽车、坦克车，同样达到爬的目的，如有响声更会引起孩子的兴趣，可坚持爬行时间长一些。

3.开始大人要把铁筒滚到孩子面前，孩子就学着滚开了，推车也是如此，大人先教一遍。

18 踢毽毽

目标：锻炼宝宝腿部肌肉力量，为以后行走打下基础。

1.孩子背靠支撑物，大人背后扶着或靠在墙上站好，让孩子用脚踢垂在脚前的毛毽毽。

2.大人口念儿歌："踢毽毽，一踢踢个大泡泡。"

10～12个月语言游戏

01 宝宝说话了

目标：刺激宝宝说话的欲望，提升语言智能。

1.当宝宝发出任何声音的时候，就以稍微夸张的表情和声音说"哇！我们的宝宝会说话了！"来鼓励他。

2.当宝宝发出声音的时候，爸爸和妈妈就拍手，并表现出很高兴的样子，宝宝就会觉得非常的开心。

3.宝宝因此能体验说话的乐趣。

02 画图和写字

目标：提高宝宝语言和认知能力。

1.在半张纸上，将各种图画贴成一列。

2.在图画底下写上文字。

3.妈妈一边看着图卡，一边跟宝宝说图中事物的名称。最好要重复两次。

03 看报纸

目标：提高宝宝的语言智能。

1.翻开报纸，妈妈一边指着图画，一边像读故事书似的说故事给宝宝听。

2.看到报纸上的照片，宝宝会“嗯嗯啊啊”地好像在说些什么似的。

3.看到报纸上刊登有关运动方面的图片，请让宝宝也跟着比手势。

04 逛市场

目标：提高宝宝的认知能力，促进语言智慧的发展。

1.和宝宝一起走路到市场，让宝宝闻闻气味、听听声音。

2.让宝宝抚摸市场上的东西。

3.指着市场上的各种东西，向宝宝说：“这是什么？”然后让宝宝闻一闻水果的味道，说：“嗯，嗯，好香喔！”

4.常常带宝宝到市场去，宝宝可能就会模仿妈妈说话。

05 蛋娃娃

目标：帮助宝宝认识更多的新事物。

1.在鸡蛋上钻个洞，把蛋黄倒空，请小心别让蛋的形状破掉。

2.在蛋壳上画出人或动物的脸。

3.做两个，使之成为一对。

4.把它当作礼物送给宝宝，并且告诉宝宝因蛋娃娃容易破掉，要小心喔。

5.让宝宝用指甲在蛋壳上“叩叩”敲敲看。

06 丰富的语言

目标：培养宝宝对语言的感觉。

1.一边欣赏外面的景色，一边对宝宝说：“春天的早晨好温暖喔！”“哇！小鸟在叽叽喳喳地唱歌耶！”

2.一边做菜，一边对宝宝说：“放很多料就会变得很好吃喔！”“哇！汤咕嘟咕嘟地滚了耶！”“真的好好吃喔！”

3.一边念故事书，一边对宝宝夸张地说：“企鹅走路晃来晃去，脚丫子也不会着凉喔！”

07 闪烁的星星

目标：培养宝宝形成语言的节奏。

1.让宝宝脸朝你坐在膝盖上。如果你坐在地上，这个姿势最合适。

2.握住宝宝的手，唱《闪亮的小星星》。

3.每句歌词的最后一个字都要声音稍大，并同时拍拍宝宝的小手。

一闪一闪小星星，（拍手）

好想知道你的秘密！（拍手）

高高挂在天空上，（拍手）

就像钻石放光明。（拍手）

一闪一闪小星星，（拍手）

好想知道你的秘密！（拍手）

08 感受音乐

目标：把感觉唱出来有助于宝宝进一步理解语言和情感表达。

1.用《雅克兄弟》的曲调唱下面的歌：

你开心吗？你快乐吗？我开心，我快乐，

开心，开心，开心，快乐，快乐，快乐，

笑，笑，笑，笑，笑，笑。

（脸上露出开心的微笑。）

你滑稽吗？好笑吗？……

（继续唱，做个鬼脸。）

你疯狂吗？你疯狂吗？……

（继续唱，脸上露出疯狂的表情。）

你难过吗？你难过吗？……

（继续唱，脸上露出难过的表情。）

2.玩游戏时可以伴以一定的动作，如跳、跑、大步走。

09 学语

目标：训练宝宝正确发音，提高语言智能。

1.宝宝发出的第一个音很可能是p、m、b、d。

2.如果你做出反应，宝宝就会一遍一遍地重复发音。

3.模仿并重复宝宝的发音。

4.用宝宝发出的音唱歌。

5.你用高音调和宝宝说话时，宝宝会更用心地听。

10 模仿动物叫声

目标：让宝宝记住不同动物发出的叫声，用声音表达出来，练习宝宝的发音，提高语言智能。

1.准备几种动物的玩具或图片，如小狗、小猫、小鸡、小羊等。

2.给宝宝看小狗的图片或玩具，告诉宝宝："这是小狗，它会汪汪叫。"同时妈妈学会小狗的叫声给宝宝听。

3.教宝宝认识其他几种动物，并且告诉宝宝小猫"喵喵喵"，小羊"咩咩咩"。

每天游戏指导

第10个月 … 第1周

推荐游戏：【认知类】01木琴演奏；【运动类】01横跨迈步，16溜边走；【语言类】09学语

第10个月的宝宝能够独自站立片刻，能迅速爬行，大人牵着手会走；这年龄阶段的孩子也是向直立过渡的时期，一旦孩子会独坐后，他就不再老老实实地坐了，就想站起来了。刚开始时，会扶着东西站那儿，双腿只支持大部分身体的重量。如果孩子运动发育好些的话，还会扶着东西挪动脚步或者独站，不需要扶东西。孩子可以拉着栏杆从卧位或者座位站起来，双手拉着妈妈或者扶着东西蹒跚挪步。有的孩子在这段时间已经学会一手扶地蹲下捡东西。横跨迈步和溜边走的游戏非常得宝宝欢心，家长可以经常陪孩子玩。

第10个月 … 第2周

推荐游戏：【认知类】02翻书；【运动类】02站起来；【语言类】01宝宝说话了

随着时间的推移，孩子的自我概念变得更加成熟，他自己也将变得更加自信。10个月的宝宝是喜欢接受表扬的孩子，因为他已能听懂人们常说的赞扬话，同时他的语言动作和情绪也发展了。他会为家人表演游戏，如果听到喝彩称赞，就会重复原来的语言和动作。

而婴幼儿时期是大脑、智力和社会适应能力发展最快的时期，婴儿需要在充满爱的环境中长大。如果这个时期婴儿得不到应有的爱，将会使婴儿造成某些心理发育方面的缺陷。所以当你的宝宝自己会翻书了、能自己站起来了、会发出声音咿咿呀呀地说话了，家长一定要给予表扬和鼓励，在爱的陪伴下让孩子健康、自信、阳光地成长！

第10个月 … 第3周

推荐游戏：【认知类】03抓转动的球；【运动类】04谁吹出来的气；【语言类】03看报纸

随着孩子学会随意打开自己的手指，他会开始喜欢抓握和扔东西。宝宝对移动的东西会比较感兴趣，可以跟他玩“抓转动的球”的游戏，也可以让他吹纸张，这些都可以调动他的积极性，吸引注意力。

在语言能力方面，除了图片和绘本之外，在早上或上午时，还可以让宝宝和妈妈一起看报纸，使宝宝熟悉文字和图画。这比起早上一起床就看电视来得有益处。另外，在阅读的过程中，大声朗读，父母为宝宝朗读是与宝宝交流的一种特别有效的方式。能使宝宝注意到语言中的逻辑停顿和语调中的抑扬顿挫，这有助于宝宝对语言美和对作品的理解。朗读开始的时间宜早不宜迟，可以从新生儿期就开始。最好是睡前朗读，以养成习惯。

第10个月 … 第4周

推荐游戏：【认知类】04把气球弄破；【运动类】05夹子游戏；【语言类】04逛市场

此时的宝宝能够认识常见的人和物。他开始观察物体的属性，从观察中他会得到关于形状（有些东西可以滚动，其他则不能）、构造（粗糙、柔软或光滑）和大小（有些东西可以放入别的东西中）的概念，甚至他开始理解某些东西可以食用，而其他的东西则不能，尽管这时他仍然将所有的东西放入口中，但只是为了尝试。遇到感兴趣的玩具，试图拆开看里面的结构，体积较大的，知道要用两只手去拿，并能准确找到存放食物或玩具的地方。

所以，这个时候跟宝宝玩把气球弄破的游戏最合适不过了，气球的手感和质感能引发宝宝的好奇心，去捏捏揉揉搓搓。逛市场可以让宝宝认识更多的新鲜事物，提高宝宝的语言和认知能力。

另外这个时期的宝宝也喜欢各种各样的小工具，夹子游戏可以满足宝宝的这种动手欲望。对手部力量很小的宝宝来说，夹子是非常难使用的工具。请父母帮助宝宝，引导宝宝用夹子夹东西。

第11个月 … 第1周

推荐游戏：【认知类】06敲“鼓”；【运动类】08用棍子够玩具；【语言类】05蛋娃娃

宝宝练习敲击类的游戏，能发展手的技巧，因为宝宝需要用手或鼓槌敲击鼓面或物品的中空部位才能发出声响，宝宝通过听声音来纠正自己打鼓的技巧，使得手、眼、耳互相协调而使技巧进步。可以给宝宝一些空盒子、空奶桶之类的东西让宝宝练习。等他动作熟练之后也不妨给他“蛋娃娃”这样的易碎品轻轻敲击看看。

这时的宝宝还发现，除了自己的双手和家长的帮助之外，他还可以借助工具去完成一些自己办不到的事情，比如用棍子去够玩具、用勺子舀水、用铲子铲土等，这些都是宝宝在学习新本领，家长千万不要因为怕脏怕乱就禁止宝宝的行为，在确保宝宝安全的情况下跟他一起玩才是明智之举。

第11个月 … 第2周

推荐游戏：【认知类】07给瓶配盖；【运动类】06用汤匙搬运米，17玩铁筒

随着协调程度的改善，孩子可以更深入地研究他遇到的物品。认知能力和手的动作灵活性明显提高，会使用拇指和食指捏起小的东西，能玩弄各种玩具，给瓶子配盖子的游戏是宝宝非常喜欢的。

另外，勺子对孩子有了特殊的意义，不仅可以作敲鼓的鼓槌，还可以学习自己往嘴里送食品。可以给宝宝玩用汤匙搬运米这个游戏了，它可以发展宝宝动作的连贯性和协调转换的能力，增强动作的自由度。一开始宝宝拿汤匙是不分左右手的，这时候家长不要迫使他纠正，因为双手并用有助于开发宝宝的左右大脑。

第11个月 … 第3周

推荐游戏：【认知类】05敲打牛奶盒；【运动类】09钓鱼游戏；【语言类】07闪烁的星星

敲击游戏依然是这一时期宝宝喜欢的游戏，为了发展宝宝手部的精细动作，可以把钓鱼游戏这样需要精准度的游戏拿来给宝宝玩儿了，从而锻炼整个身体的动作协调性。

语言方面，教唱儿歌，既提高了孩子的语言能力，增强了韵律感、记忆力，同时也激发了宝宝的学习兴趣。也可以让孩子多听英语童谣，在娱乐中锻炼语感。

第11个月 … 第4周

推荐游戏：【认知类】09野外探险；【运动类】07踢皮球，10啦—嘀—嗒；【语言类】06丰富的语言

此时，大人牵宝宝的一只手就能走了，宝宝能扶着推车向前或转弯走。能主动地由坐位改为俯卧位，或俯卧位改为坐位。还会穿裤子时伸腿，用脚蹬去鞋袜。所以，在晴朗的日子里外出游玩，是锻炼宝宝各种感官的一个好办法。平时的日子里，也可以跟宝宝玩“踢皮球”、“啦—嘀—嗒”这样让全身得到锻炼的游戏。

在日常的生活中也要配合游戏或者生活中的方方面面，用丰富的语言跟宝宝交流，以刺激宝宝的语言智能。

第12个月 … 第1周

推荐游戏：【认知类】10里和外；【运动类】03滑滑梯；【语言类】08感受音乐

在孩子快周岁时，将逐渐知道所有的东西不仅有名字，而且也有不同的功用。你会观察到他将这种新的认知行为与游戏融合，产生一种新的迷恋。此时他也许已经会随儿歌做表演动作。家长可以据此为宝宝加入一些关于方位的游戏，配以儿歌的形式让宝宝逐渐建立空间概念。

滑滑梯的游戏能够锻炼宝宝攀爬迈步，同时学会控制身体的平衡。滑滑梯对宝宝来说是一种全身性的锻炼。妈妈可以带宝宝到公园里，让宝宝参加集体滑滑梯活动，让宝宝学会跟小朋友一起排队，学习排队和小朋友一起玩耍的活动规则。

第12个月 … 第2周

推荐游戏：【认知类】08玩具键盘；【运动类】12用杯子喝水，15捏豆豆；【语言类】02看图和写字

周岁的孩子开始有了主动性，可以自己动手进行一些操作，开始要自己吃饭，自己拿着杯子喝水，能试着拿笔并在纸上乱涂，从只会画曲曲弯弯的线，然后慢慢地会画圆和直线，再后来宝宝就会表达出嘴、眼睛等物。有的孩子还会搭积木。这时可以和婴儿玩多种动手游戏，以训练婴儿手的灵活性和准确性。

同时可继续鼓励婴儿自己拿笔涂鸦，此时可先教婴儿学会拿笔，同时教他学会涂抹，使婴儿能够自己主动地画出笔划。这个年龄段的婴儿主要是随便乱画，不要生硬地指示他，而是鼓励他画出一些笔划即可，还可以跟他说这些像什么。

此时并不要求婴儿画出什么，主要是培养婴儿运用笔的能力，培养他们的“创作欲望”。

另外，选择适合婴儿年龄的刺激物。研究证明，周岁婴儿有了选择性注意能力，主要表现在视觉和运动方面。在婴儿专注玩耍时，不要打断他。在给他讲图画时，用手指点，引起他的注意。在认图识字时，不要播放电视或收音机，尽可能营造一个安静有序的环境，以利于培养婴儿的注意力。

第12个月 … 第3周

推荐游戏：【认知类】11在哪里；【运动类】13跟我做，18踢毽毽

这时的宝宝可以识别许多熟悉的人、地点和物体的名字，父母可以跟宝宝玩“在哪里”的游戏，以提高宝宝的认知和记忆能力。

此时他仍然非常爱动，不要期望他会有所不同。比如孩子兴致来了会踢个没完没了，此时，大人应适当控制，踢一会儿歇一会儿，要坚持常踢。

现在的宝宝一般很听话，想讨人喜欢，愿意听大人指令帮你拿东西，以求得赞许，所以可以经常跟宝宝玩“跟我做”的游戏，他是很乐意配合的。

第12个月 … 第4周

推荐游戏：【运动类】11拔河比赛，14练蹲蹲；【语言类】10模仿动物叫

此时的宝宝能够站起、坐下，绕着家具走的行动更加敏捷。不必扶，自己站稳能独走几步。站着时，能弯下腰去捡东西，也会试着爬到一些矮的家具上去。家长可以跟宝宝玩拔河和练蹲蹲的游戏，来让宝宝的手部和腿部肌肉得到锻炼，身体更加健康结实。

这时虽然孩子说话较少，但能用单词表达自己的愿望和要求，并开始用语言与人交流。已能模仿和说出一些词语，所发出的一定的“音”开始有一定的具体意义，喜欢发出咯咯、嘶嘶等有趣的声音，笑声也更响亮，并反复重复会说的字。模仿动物叫的游戏会引发孩子的兴趣。另外这个游戏，也可以倒过来教宝宝玩。家长学某种动物叫，让宝宝从中找出与家长学的叫声对应的动物图卡或玩具。如果能够将实物和图片同时呈现在宝宝面前，那么将会加深宝宝的记忆，使宝宝玩的更加开心。

第 2 部分

1~2岁亲子游戏

一、13~15个月游戏与指导

13~15个月动脑游戏

01 区别大小

目标： 帮助宝宝分辨大小，认知事物的不同。

1.拿皮球和乒乓球给宝宝玩一会儿，然后把它们放在一起。

2.比一比，告诉宝宝哪个大，哪个小。

3.然后问宝宝："哪个大？指给妈妈看。"

4.如果宝宝指对了，就要表扬他；如果错了，没关系，再教宝宝认一次。

5. 在不同情景下让宝宝多练习，例如在餐桌上让宝宝比较鸡蛋与鹌鹑蛋，等等。

02 听响声

目标： 锻炼宝宝听觉，满足孩子爱敲击的欢闹情绪，有助于大脑细胞的发育。

1.孩子双手对敲积木，或是用筷子敲击能发出响声的物件，可以给孩子购买小鼓、小锣、小钹等能打击的玩具，让孩子尽兴敲击，逐渐教会孩子敲击出有节奏、清脆的声音来。

2.几样小打击乐器，随孩子高兴而挑选玩耍。

3.让孩子左、右手全用上。玩耍中大人要给予配合，有意敲出有节奏的鼓、锣、钹点来，让孩子感受。

03 听故事

目标： 提高宝宝的语言听觉能力、倾听习惯以及语言符号识别能力。

1.拿一本图文并茂的书，大人与宝宝一起边看图，边讲述故事。

2.大人讲故事时一定要集中精力，不要因为其他事情而分心，从而形成宝宝良好的读书习惯。

04 巧装直尺

目标： 培养宝宝的分析、判断能力，以及解决问题的能力。

1.备一只盛玩具的铁桶和一把尺子（要求尺的长度要大于铁桶的直径），大人让孩子向桶里装玩具，当装到尺子时，如果横着装，孩子表现出无能为力，大人应教他竖着装，反复几次，孩子便记牢了。

2.然后再用长度大于铁桶口径的口琴，让孩子装，如能装进去，应给予表扬；如装不进去，仍继续教。

3.不断变换物件，让孩子动脑筋。

05 玩多米诺骨牌

目标： 提高宝宝的逻辑思维能力。孩子厌倦或注意力动摇时，可以变换更多的玩法。

1.大人教会孩子叠四层积木，并且选择大积木放在第一层，越向上越小，让孩子搭起四层来。

2.还可把军棋一排排立起来（间距要相当），把最后面的一个推倒像多米诺骨牌一样按序倒下，趣味盎然。

06 取算盘珠

目标：发展宝宝的复合思维能力。

1.大人把拴线的3个算盘珠，放进瓶内（瓶口只能进出1个算盘珠），让孩子从瓶内取出3个算盘珠。

2.这时的孩子往往想把3个一块取出来，所以抓住3根线一齐向外拉。

3.这时大人应告诉他为什么3个算盘珠一并取时取不出来。

4.可以演示竹竿如何进门，尺子如何从窄缝里拿出来。

07 学习翻页

目标：提高宝宝手的灵活性，培养宝宝的认知和记忆能力。

1.拿一本有图的书同宝宝一起边看边讲故事，宝宝一面听一面看图认物。

2.大人要边讲边提问题，讲完一页要让宝宝动手去翻页。

3.虽然宝宝的手不太灵活，但经过多次练习，而且来回讲同一个故事，翻错了宝宝也知道要翻回来。

08 杯盖上放物

目标：培养宝宝的逻辑思维能力。

1.杯子里放上孩子喜爱的玩具，然后让孩子拿出来，再装进去。

2.几次后，把杯盖盖上，让孩子在杯盖上放玩具，盖子上放不住，每次都会滑下来。

3.大人教孩子把杯盖翻过来盖在杯上，再放玩具就放得住了。

09 巧取玩具

目标：培养宝宝的观察和思考能力。

1.让孩子看见，在他伸手够不着的有把手的杯子里，放着他喜欢玩的、吃的东西。

2.大人把一根绳穿过杯的把手空间，绳子两端都摆在孩子面前，孩子开始可能拽其中一根，当然失败。

3.大人应教他两根绳头必须一齐拽杯子才能拉过来。

10 玩套环学数数

目标： 提高宝宝的数学智能和运动能力。家长也可以让宝宝把环套在自己的手指上去练习。说明宝宝喜欢来回地练习，也会模仿大人数数。

1.利用玩具套环或在家中搜集一些固定瓶口的塑料环让宝宝套在大人的手指上。

2.开始时，大人可帮助宝宝套入，套上一个就马上赞扬。

3.并伸出食指说“一个”，再套进第二个又伸出中指说：“两个”，再套进第三个伸出无名指说“三个”……

11 踩日光

目标： 提高宝宝的运动能力。追逐光点时注意安全，别摔倒。

1.把从门窗穿射进来的阳光用小镜子反射到地上，孩子看后很有新鲜感。

2.大人移动，让孩子追逐去踩，他会很感兴趣，追踩一会儿后歇息一阵。

3.这时，大人把光打在墙上让孩子寻找，并用手指，同时让他说出“这儿呢”，“那儿呢”，或简言“这”“那”。

12 面粉涂鸦板

目标： 开发孩子的想象力，为宝宝带来不一样的乐趣。

1.在盘子上均匀地撒上面粉。

2.让孩子用手指头在上面画画看。

3.如果孩子想再画别的东西时，把面粉抹平，即可以再画。

4.由于面粉会乱飞扬，所以不要让孩子用嘴吹。

5.不用的时候，要用布或是毛巾盖起来。

13 套圈圈

目标： 提升孩子的调节和测量的能力，锻炼宝宝手臂肌肉的力量。

1.将用完的胶带卷，利用彩色胶带装饰，做成套环。

2.将滚筒卫生纸的纸卷塞进箱子里固定住，做成目标物。

3.让孩子往中间的柱子投掷套环，玩“套圈圈”的游戏。

14　布置餐桌

目标：教导孩子要有责任感，培养宝宝的数字概念。

1.刚开始先让孩子摆几把汤匙就好。

2.等孩子再大一点时，可以让他摆跟人数相当的汤匙。这样孩子就会先去数人数，再数汤匙的数量。

3.因为对汤匙放置的位置有把握了，应该会放在正确的地方。

4.也让孩子试试放筷子。由于筷子必须要找出是一对的，因此孩子会为了测量长短，用手将筷子整理好，以便测量长短。

15　学跳舞

目标：平衡宝宝身体，促进身体各部位的协调能力，并培养其对音乐的节奏感。

1.播放华尔兹的音乐，然后和孩子开心地跳舞。

2.抓着孩子的手，跟着音乐在房间里绕圈。

3.还不会走路的孩子请用抱的方式来跳舞。

4.营造如电影舞蹈场面的气氛。

16　骑着枕头转啊转

目标：促进宝宝骨骼生长，令肌肉结实，增强腿部力量，使心脏跳动有力，加强呼吸系统和消化系统的功能。

1.让孩子把枕头当马一样骑着玩。

2.一边喊着：“冲啊！”一边向前跑。

3.爸妈分别骑着一个枕头，和孩子一起跑。

4.可以玩抓人的游戏，或是比赛看谁跑得快。

17 连连看

目标：提升宝宝的视觉记忆能力，为发展宝宝视觉图像认知做准备。

1.将图画纸分成两半，中间画线隔开。

2.在两边分别画出相同的图案。

3.引导孩子将相同的图案用蜡笔连起来。

18 听收音机

目标：提高宝宝的听觉记忆能力，并培养其好奇心。

1.收音机会发出许多不同的声音，如古典乐、爵士乐、歌谣、广告等，就连搜寻频道时都会发出“兹兹兹”的声音。

2.让孩子听听收音机中发出的各种声音。

3.试着让孩子的耳朵贴着收音机的喇叭听听看。

19 用纸杯来抓球

目标：培养宝宝的手眼协调能力。

1.用手抓着倒扣的纸杯，然后玩扣球的游戏。

2.爸爸将球轻轻地滚到孩子的面前。

3.孩子每次抓到球，都要说“做得好!”来鼓励他。

4.为了要用纸杯扣住滚动的球，会需要精准的调节能力。

20 摘苹果

目标：提高宝宝的综合能力。和孩子一起前往果园或农场，体验秋季散步的乐趣。

1.到了秋天，果树就会结许多果子。

2.体验直接摘苹果、梨的乐趣。

3.也一起观察看看果树的叶子和枝干。

4.和孩子一起吃现摘的水果，一定比在家里吃的更加甜美!

13～15个月运动游戏

01 步调一致

目标： 锻炼宝宝双手、双腿动作的协调性、随意性和灵活性。

1.爸爸双脚稍分开站立，宝宝面对爸爸，双脚踩在爸爸的脚背上，双手抱着爸爸的腿。

2.爸爸往前走，宝宝随之向后退，爸爸向后退，宝宝随之向前。

3.也可以双手拉着爸爸的双手，双脚踩在爸爸的脚背上，身体向后仰，宝宝随着爸爸走，爸爸转圈，宝宝也跟着转圈。

02 我是小司机

目标： 锻炼宝宝身体的协调性，让宝宝学习走路，初步接触红绿灯的概念。

1.爸爸出示一个塑料圈对宝宝说："宝宝，今天我们一起当司机开汽车好吗？"

2.爸爸握住塑料圈的一端，让宝宝握住另一端。

3.妈妈出示"绿灯"，爸爸边握着塑料圈向后退，嘴里边有节奏地念儿歌："嘀嘀嘀，今天我当小司机，看见红灯停一停，看见绿灯往前行。"宝宝握着塑料圈的另一端顺着爸爸的方向往前行走。

03 串珠套环

目标： 锻炼宝宝的小肌肉群，让宝宝了解物体的属性。

1.给宝宝一些木珠或圆环，一根稍硬的尼龙绳或一根小棍（筷子），让宝宝把珠子和圆环一起串（或套）起来。

2.给孩子一堆小塑料环或金属环（挂窗帘用的也可以），让幼儿把圆环一个个套在木棍（或小筷子）上。

04 撕撕看

目标：锻炼宝宝大拇指和其他手指协调配合，促进手的精细动作进一步发展。

1.将广告纸放在孩子耳边，然后撕撕看。

2.撕完之后，将它撒向空中。

3.也让孩子开心地试试撕纸游戏。

05 跟着爸爸摇晃

目标：锻炼宝宝双手、双腿动作的协调性、随意性和灵活性。

1.和孩子面对面，然后抓住孩子的手。

2.让孩子的脚踩在爸爸的脚背上。

3.爸爸走动的时候，孩子也跟着走动。

4.一步一步慢慢地踩着，在房间里绕圈圈。

5.跟着“左脚，右脚”的口令，大步大步地走。

06 一起伸懒腰

目标：提高运动能力。如果能在孩子刚睡醒时做这个游戏，效果会更加显著。

1.妈妈先伸伸懒腰，然后引导孩子跟着一起做。

2.刚开始时，先将一边的手臂向上伸直。

3.接着，将两手手指交叉相握，然后将手向上伸直。

4.身体向左右扭啊扭。

07 脚底按摩

目标：刺激宝宝脚的感觉神经，让宝宝头脑更加发达，同时也能促进身体健康。

1.洗过脚或洗完澡之后，开始做脚底按摩。

2.先用手让孩子全身放松，一定要一抓一放地按摩才可以。

3.涂上婴儿油之后，用拇指缓慢地压脚底板。

4.慢慢地、使劲地压。

5.按摩完之后，让孩子喝一杯温水或温牛奶。

08 运东西

目标： 训练宝宝的空间知觉和运动能力。

1.给宝宝准备一辆小拖车，妈妈与宝宝一起玩“运东西”的游戏。

2.妈妈让宝宝把一件玩具放在拖车里运到外面，放在某地，回来再运下一件玩具。

3.待运过几件后，妈妈与宝宝一起到外面玩这些玩具，玩完后再一件一件运回来，摆到玩具架上。

09 贴贴纸

目标： 锻炼宝宝的手眼协调能力。

1.撕下贴纸，然后让孩子贴到自己想贴的地方。

2.只有在孩子想贴到不能贴的地方，才告诉他不要贴及其原因。

3.孩子看到贴纸，应该会贴在自己常常想看的地方。

10 使用棍子

目标： 训练宝宝解决简单问题的能力。

1.在与宝宝玩球时故意把球滚到宝宝能看到，但拿不到的地方。

2.这时大人拿一根棍子，慢慢地把球拨出来。

3.宝宝看到大人拨出玩具也要自己试试，他会用棍子碰到玩具，但只会将东西推得更远。

4.大人示范让宝宝把棍子伸到比玩具更远的地方，向自己的方向使劲把玩具拨过来。

11 爬岗钻洞

目标： 锻炼宝宝的控制能力，自如地掌握爬行的方向，增加其前臂和腿部肌肉的力度。

1.大人和孩子一起爬，孩子一定很感兴趣。

2.爬行片刻后，大人指导孩子从大人肚子下面、胳膊间爬过去。

3.然后再让孩子从大人弯曲的腿肚子上面爬过去。

4.大人念着儿歌：爬岗岗，钻洞洞，一钻钻出个大豆虫。

12 爬向玩具

目标： 锻炼宝宝的爬行能力，促进大脑发育。这个游戏是在宝宝爬的时候玩的。如果宝宝已经会走路了，将玩具放在一个高一点的地方，这样宝宝就要探起身去拿。

1.在屋子一头放一个宝宝喜欢的玩具。

2.你趴在地板上爬向玩具，当你够到玩具时，拿起来并假扮玩具说话：“来呀，（宝宝的名字），你能过来拿到我吗？”

3.鼓励宝宝爬向玩具。

13 推东西

目标： 培养宝宝的自信心及身体的协调性。

1.为宝宝选择几种轻巧的东西供其推动，例如毛绒动物或其他小型玩具。

2.说“一、二、三，推！”然后推动其中的一个玩具。

3.重复数数并鼓励宝宝推东西。

14 追小狗

目标： 增强宝宝腿部的力量，为行走做好准备。

1.大人拉着玩具小狗或小车、小鸭（要有拉绳）让孩子追，大人边拉边说：“追呀，追呀，追小狗。”

2.当孩子追上后停下脚蹲下要抓时，大人再拉走几步，孩子只好站起身再追，反复几次后，让孩子追上。

3.还可换过来，孩子拉，大人追，孩子会欢呼雀跃。

15 穿圈圈

目标： 培养孩子耐心和注意力集中，锻炼手指小肌肉群，增强其灵活性，促进手眼动作协调。

1.开始，用大圈让孩子用线穿起来，例如旧自行车内胎剪成的一圈一圈的圈。

2.穿熟后再穿孔小点的，类似算盘珠之类的。

3.最后，剪些硬纸片，中间扎小孔，让孩子穿。

4.穿好后，把绳的一端固定在一个地方拴好，绳的另一端让孩子攥好，绕圈圈悠一悠，玩一玩。

13～15个月语言游戏

01 图画和文字

目标： 提高宝宝的语言智能。

1.将图画下方的文字拿一个下来。

2.把文字标签拿给孩子，让孩子试看贴在图画的下面。例如把写着“苹果”的文字标拿给孩子，孩子应该会将它贴在苹果图案的下面。

3.待这个游戏玩熟练之后，可将所有的文字标签都取下，然后给孩子其中一个，让他自己试着贴在正确位置上。

02 故意说错话

目标： 提升宝宝语言智能，增加其语言理解能力。

1.妈妈和宝宝面对面坐下，指着膝盖问宝宝：“这是我的鼻子吗？”

2.妈妈指着自己的眼睛问宝宝：“这是我的耳朵吗？”

3.如果宝宝发现妈妈指错了，妈妈要表扬宝宝；如果宝宝没发现，可以加以指导。

03 扮鸭子

目标：练习念简短的儿歌，促进语言的发展，从而提高宝宝的语言能力。

1.在宝宝吃饱过一段时间之后，帮助宝宝先热热身，伸伸胳膊，蹬蹬腿，扭扭腰。

2.父母做小鸭爸爸或妈妈，戴上鸭子头饰，让宝宝当小鸭。鸭妈妈领着小鸭边找东西边走，并发出“嘎嘎嘎……”的叫声，头一摇一摆，模仿小鸭吃食的样子，可以随口念儿歌：“嘎嘎嘎，我是小小鸭。”让宝宝跟着模仿。

3.玩过几遍后，让宝宝尝试做鸭妈妈，父母在适当的时候给宝宝以提示或帮助，让宝宝体验扮演不同角色的快乐。

04 跟着妈妈做

目标：锻炼宝宝手口一致的动作能力，提高大脑反应水平。

1.妈妈一边说，一边做动作给宝宝看，然后让宝宝也跟着学。

2.例如妈妈先说：“小宝宝，拍拍手。”边说边拍手，然后抓起孩子小手，教他拍手。

3.接着换另一个动作：“小宝宝，摸摸头！”妈妈边说边摸头，也拿孩子的手摸头。

4.以此类推，妈妈可以再跟他玩。

05 学说“不”和“是”

目标：让宝宝学习如何表达自己的意愿，提升其语言智能。

1.当孩子用“啊”、“噎”这些象声词要东西或者让别人干什么时，应该在满足他的要求时，对“对”与“不对”说“是”或“不”。

2.如孩子说：啊——手指苹果，意思他想要，大人可拿给他，并让他说：“是”还是“不是”。

3.又如孩子着急要水喝，他又发出“啊，啊”的声音，大人一定要他说“是”或“不”（大人递给他水后），让他初步掌握用肯定或否定来表达他的意愿。

06 唱歌

目标：加强宝宝的语言技能。

1.用一种唱歌的语调说话；注意说话声调的上下起伏和抑扬顿挫。

2.用“啦啦啦”哼唱《绕着玫瑰做游戏》就是唱歌的语调。

3.将“让我们一起玩积木”或者“我要来胳肢你”这些话语唱出来。

4.和宝宝坐在地板上，将一两个毛绒动物放在你的膝盖上，用唱歌的语调对着玩具说话，然后把玩具给宝宝。

5.如果孩子跟着你学，你很快会发现宝宝自己一个人的时候也在玩这个游戏。

每天游戏指导

第13个月 … 第1周

推荐游戏：【动脑类】01区别大小，07学习翻页；【运动类】04撕撕看

宝宝的体格发育不像婴儿期那么快了，但能力发育却进入了快车道，而且精细运动能力飞速发展。在3岁以前是宝宝大脑神经建立广泛联系的时候，认知能力很强，这时候可以传达给宝宝大小多少等概念，以增强其对概念的认知。

在阅读方面，因为宝宝在一开始时是通过感觉来“读书”的，所以父母应选择画面简单、色彩鲜艳的婴儿读物，最好里面有触摸面的。父母和宝宝坐在一起看书，告诉宝宝如何去翻书，一边翻一边给宝宝介绍书的内容，吸引宝宝的兴趣。对于喜欢“撕书”的宝宝，父母也不要抓狂，宝宝是在用手探索书的奥秘，不想让宝宝撕书的父母可以和宝宝一起玩儿撕纸类的游戏，同样能够满足宝宝撕的欲望。

第13个月 … 第2周

推荐游戏：【动脑类】02听响声，03听故事；【运动类】11爬岗钻洞，12爬向玩具

13个月的宝宝注意力时间比较短。越小的宝宝集中注意力的时间越短，对一件事情和物品，包括玩具，保持兴趣的时间也越短。但有一个现象与此恰恰相反，就是宝宝越小，对感兴趣的事物和现象越容易着迷，喜欢长时间重复它，“听响声”是宝宝非常热衷的游戏之一，可以经常拿来和宝宝玩儿。另外，如果家长可以把故事讲得绘声绘色、生动有趣，也同样会成为宝宝热衷的活动之一的。这些都可以锻炼宝宝的听力和注意力。

1岁以后的宝宝，大多数能够自由自在地爬行着向各个方向前进或后退。但还不会自由爬的宝宝并不少见，父母不必焦虑和担忧，宝宝爬得晚，并不意味着发育落后。往往会出现这样的情况：爬得晚的宝宝，会站和会走的时间大大提前。但是，无论你的宝宝爬得早或晚，你都应该多和宝宝玩爬行类的游戏，这对宝宝的协调性和大脑的发育实在是一个非常好的运动。

第13个月 … 第3周

推荐游戏：【动脑类】04巧装直尺；【运动类】03串珠套环；【语言类】05学说“不”和“是”

这个时候孩子的手已经很发达，可以进行一些比较精确的活动，所以大人可以给他一些玩具，让他放进大口的箱子里，或者放到指定的人手中，来锻炼他的手眼配合协调能力。站着时，能单手把小球扔出去。还可以给他一支笔，一大张纸，让他涂涂画画，他会非常开心的。锻炼手部动作的游戏可以经常跟宝宝玩儿。

在语言方面，这个年龄段的幼儿，绝大多数能够听懂成人一些话的意思了。但是，大多数幼儿还不能用语言来回应父母，常常通过动作、手势、声音等表示他的意思。幼儿通过肢体语言，能做出一两个让成人明白的示意。父母可以在这个时候讲“不”和“是”的概念教给宝宝，让他可以简单又直接地去表达自己的意愿。

第13个月 … 第4周

推荐游戏：【动脑类】05玩多米诺骨牌；【运动类】13推东西；【语言类】03扮鸭子

婴幼儿喜欢推东西，推东西游戏能让宝宝感到自己强健有力，他们以观察运动和知道自己能使物体移动为乐。多米诺骨牌能满足宝宝这一心理要求。另外，在推大的物品时，家长要小心宝宝跌倒，但也不可过分保护，否则宝宝无法充分地探索自己的体能，尝试新的事物。

这么大的宝宝具有极强的模仿能力，除了模仿父母之外，也喜欢模仿各种小动物的叫声和动作，父母如果跟宝宝玩模仿动物类的游戏，会让宝宝非常开心的。

第14个月 … 第1周

推荐游戏：【动脑类】08杯盖上放物，19用纸杯来抓球；【运动类】10使用棍子

宝宝能比较熟练而准确地用手指捏起物品，拇指与食指、中指能很好地配合，不再是大把抓。宝宝运用手的能力有了很大进步，能用单手完成的动作，不会再用双手完成了。这个时期动手类的游戏都会非常适合你的宝宝。

第14个月 … 第2周

推荐游戏：【动脑类】06取算盘珠，09巧取玩具；【运动类】05跟着爸爸摇晃，08运东西

宝宝行走能力的发展和其他动作发展一样，经历着既有连续性，又有阶段性的发展过程。这几个游戏在于进一步锻炼宝宝双手、双腿动作的协调性、随意性和灵活性。

第14个月 … 第3周

推荐游戏：【动脑类】10玩套环学数数，13套圈圈；【运动类】09贴贴纸

这个时期的宝宝非常喜欢且善于动手。宝宝会把一只手指插到瓶口中，这个能力让宝宝很欢喜，像着了魔似的，只要看到有孔，有眼儿的地方，宝宝都会把自己的手指插进去。这是宝宝锻炼手精细运用能力的方法之一，父母可以给宝宝买或者做这样的玩具。

父母需要明白的是，宝宝对外界的人或事物的敏感程度越高，潜能越容易被开发出来，学习的能力也越强。相对于婴儿而言，幼儿对外界人或事物变得更加敏感和警觉。爸爸妈妈要充分利用宝宝各种潜能发展和能力发育的关键时期，帮助宝宝完成幼儿期的发展发育。宝宝幼儿期性格的形成、能力的建立、智力的开发，以及所经历的环境，对宝宝今后的发展影响深远。

第14个月 … 第4周

推荐游戏：【动脑类】11踩日光；【运动类】01步调一致，14追小狗；【语言类】04跟着妈妈做

这时的宝宝很喜欢走路，这里介绍的几个游戏不仅能锻炼宝宝下肢肌肉力量，还能帮助宝宝迈步行走，培养其探索能力。

除了这类游戏之外，家长还可以将以前介绍的阅读类、精细动作类游戏重复拿来跟宝宝玩儿，这样就能避免游戏类型的单一化，让宝宝得到全面发展。

第15个月 … 第1周

推荐游戏：【动脑类】12面粉涂鸦板，17连连看；【运动类】15穿圈圈；【语言类】01图画和文字

宝宝一双小手越发灵活了，宝宝会把小桶中的玩具拿出来，并放回小桶。会自己拿勺吃饭，能用两手端起自己的小饭碗，很潇洒地用一只手拿着奶瓶喝奶、喝水。妈妈可能会惊讶地发现，宝宝还能用食指和拇指捏起线绳一样粗细的小草棍。

所以多跟宝宝玩动手类的游戏，非常符合这一时期宝宝的喜好，他需要反复练习，让自己的双手变得更加灵活，这么大的宝宝大多会握笔了，让宝宝握笔涂鸦是训练手的灵活性和准确性的好方法。

第15个月 … 第2周

推荐游戏：【动脑类】14布置餐桌，20摘苹果；【运动类】02我是小司机；【语言类】06唱歌

随着宝宝动手能力的增强，他越喜欢做事，总喜欢给大人“帮忙”，虽然宝宝的这种帮倒忙行为有时让家长很头疼，但是家长不能因此而训斥和限制宝宝，那样只会阻碍他的成长。正确的方式是在安全又不造成不良影响的范围内给宝宝“权利”，他喜欢帮忙做家事，就把碗筷给他，让他来布置餐桌。有条件的可以带宝宝去采摘，摘苹果、摘草莓、摘樱桃等都会给宝宝增加丰富的阅历。

也可以虚拟一些场景，让宝宝进行角色扮演，小司机、小医生等，让宝宝在扮演中体验不同的生活，又能初步获得一些基本的生活常识，是非常好的锻炼活动。宝宝从中得到更多的生活经验，说不定还会跟他的玩具娃娃一起玩这种“过家家”的小游戏。

第15个月 … 第3周

推荐游戏：【动脑类】15学跳舞，16骑着枕头转啊转；【运动类】06一起伸懒腰

宝宝肢体运动能力逐渐增强，会借助小凳子桌子、沙发等物体往高处上。宝宝可能会独自爬上6～10个台阶，如果妈妈牵着宝宝的手，宝宝可能站立着走上好几级台阶。

但是宝宝身体的协调性还有待加强，因为他很可能还控制不好，走快了可能还会摔跤。父母不妨加强平衡性和协调性这方面的训练，教宝宝跳舞，骑着枕头转圈，一起伸懒腰都是不错的选择。

第15个月 … 第4周

推荐游戏：【动脑类】18听收音机；【运动类】07脚底按摩；【语言类】02故意说错话

刚会走路不久的宝宝一刻也不肯闲着，他会把大部分的时间花在用脚探索上，父母经常给宝宝做足底按摩会让他得到很好的放松，对成长发育也有莫大的好处。

这个时期的宝宝已经有了自己的判断力，他们对听到的声音和语言已经有了一定的概念，让宝宝听收音机可以加深其听觉记忆，更好地认识周围的事物。“故意说错话”的游戏则是对宝宝判断力的一种考验，当然此游戏要在宝宝认识人的身体各部位名称的前提下进行。经常与宝宝玩这个游戏可以培养宝宝的语言纠错能力。游戏过程中，可以让宝宝摸摸妈妈的眼睛、鼻子等，以增强刺激。

二、16~18个月游戏与指导

16~18个月动脑游戏

01 可爱的表情

目标：提高宝宝自我认知能力和社会交往能力。

1.妈妈边说“笑一笑”，边做出笑脸，孩子会马上跟着做。

2.一边说“试试看做个可爱的表情”、“笑一个看看”、“皱皱眉头”，一边让孩子做出各种表情。

3.问问孩子：“哪种表情最漂亮呢？”

4.如果孩子回答笑脸最漂亮的话，不妨对孩子说：“对着镜子笑一个吧！”

02 对对看

目标：锻炼宝宝的手眼协调能力。

1.准备厚纸箱的一面。

2.割出三角形、四边形、圆形，以及动物、花等造型的样子。

3.让孩子将割好的纸板再重新放回去。

4.也可以让孩子自己找出和纸板相同模样的图形来。

03 藏在哪个杯子里

目标：锻炼和提高宝宝的视觉判断能力。

1.在桌子上倒扣3个透明玻璃杯。

2.在其中一个杯子里放红色的小球，然后在孩子面前变换杯子的位置。

3.问问孩子："红色球在哪个杯子里啊？"孩子看到球，就会马上说出在哪里。

4.称赞拿对杯子的孩子："好棒喔！"

5.接着可利用不透明的杯子玩藏球的游戏。

6.如果孩子因为看不见杯子里面而一直猜错的话，便会失去兴趣，所以，这时可以把装有球的杯子稍微靠近孩子，或用贴纸之类的东西标示。

04 猜猜看

目标：帮助宝宝锻炼和提高视觉判断能力。

1.盖住图画，白纸渐渐往下移，使之露出部分画面，请孩子猜猜是什么。

2.每多看到一点画，孩子便会期待到底是什么图案；妈妈可同时制造一些音效。

3.露出大部分画面，让孩子说出相似东西的名称。

05 观察白云

目标：培养宝宝的观察力，丰富其想象力。

1.妈妈带宝宝一起到户外观察天上的白云，引导宝宝想象天上的白云像什么。如妈妈说："我觉得云像一只小猪，宝宝觉得云像什么？"

2.利用云形状的变化，妈妈可以与宝宝一起编故事，如："我看到一只山羊在跑！它跑到哪里了呢？"并引导宝宝接下去："跑到花园里了，遇见什么了呢？"

3.妈妈和宝宝一起看月亮和星星，告诉宝宝天上有一个月亮和许多星星，并引导宝宝说一说月亮、星星像什么，如"月亮像一个盘子，星星像一颗明珠"。

06 纸箱游戏

目标：开发宝宝的智力，让宝宝理解眼睛看得到和看不到的相互关系。

1.给孩子一些纸箱，其中一面需开口，每个大小不一样的话更好。

2.将各种纸箱放在孩子面前，然后让孩子把纸箱一一戴在头上玩。

3.让孩子随意堆叠纸箱。

4.引导孩子把小纸箱放进大纸箱里。

5.把周围的东西放进纸箱，让孩子玩放进去又拿出来的游戏。

07 听听有何不同

目标：训练宝宝听觉的灵敏性。

1.在像鞋盒一样带有盖子的纸盒里，放进一些小东西。

2.孩子可以拿着盒子一边玩一边摇摇看，再打开盖子看看。

3.盒子里所发出的声音可以刺激孩子的好奇心。

4.盒子里可替换成各种不同的物品，让孩子听听声音有何不同。

08 小石子滑溜溜

目标：锻炼宝宝手指的灵活性，使其动作更加精确。

1.在河边摸摸看带有青苔的小石子。

2.感觉小石子独特的滑溜感。

3.试着把小石子扔进河里，听听那“扑通”的声音。

4.带几颗小石子回去，放在孩子的房间。

09 芝麻饼与画眼睛

目标：训练宝宝手的灵活性和控制能力。

1.妈妈在纸上画一个圆形，说：“这是芝麻饼。”

2.请宝宝在这个饼上画上芝麻，及时提醒宝宝不要把芝麻涂到饼的外面。

3.待宝宝画完之后，妈妈画一个倒下的“8”字作鱼，让宝宝在鱼的头部点上眼睛，要求宝宝在规定的地方画一个点。

10 模仿动物声音

目标：提高宝宝的认知和模仿能力。

1.发出小狗“汪汪”叫，小猫“喵喵”叫，小猪“哼哼”叫，小鸡“唧唧”叫的声音。

2.可配合动物图片和声音配对，模仿看看。

3.不发出声音的动物（如兔子、金鱼）也可让孩子自己创造看看，会呈现出有趣的情形喔!

11 介绍夜光贴纸

目标：培养宝宝自己入睡的生活习惯。

1.在孩子房间的天花板上贴上动物形状的夜光贴纸；若有笑脸形状的动物贴纸更好。

2.把灯关掉，妈妈躺着介绍夜光贴纸。

3.妈妈说：“夜光熊宝宝，也会和我们一起睡吗？”同时观察孩子的反应。

4.这次和孩子一起对熊宝宝说话。

5.在关着灯、躺着的晚上，教孩子就寝时的用语。

6.教孩子，如“我们一起到梦乡旅行吧”、“你在那边睡，我在这边睡”等用语。

12 跟着表情做

目标：提高宝宝的表达能力。

1.孩子和妈妈一起看书，出现笑的表情时，可跟着做做看。

2.不一定是要人的表情，跟着动物主角笑的表情做做看也可以。

3.让孩子依自己的感觉自由表现。

4.这会使孩子的表情丰富，感情也变得丰富。

13 身体绘画

目标：训练宝宝的手、眼协调能力。

1.在地上把报纸摊开。

2.在几个碗里，分别挤出不同颜色的水彩。

3.让孩子只穿内裤，然后在报纸上随意画画。

4.手掌、脚掌、手背、膝盖、肩膀等部位分别涂上水彩后，在报纸上抹抹看。

14 图画盖子对一对

目标：帮助孩子了解事物的特征。

1.在彩色纸后面画好图案后剪下来。

2.将剪下的图贴到塑胶奶粉盒盖上，可多做几组。

3.利用剪刀把塑胶奶粉盒盖剪成一半。

4.剪成一半的图会变得较难区分、辨认。

5.让孩子看图找出正确的一半。

15 数数看

目标：让宝宝熟悉数字，促进其数学智能的发展。

1.妈妈在数算东西时，让孩子能听到“1、2、3……”的声音。

2.看故事书时，也让孩子数一数有几个故事人物。

3.让孩子数数看盘子的种类。

16 感觉纸灯罩

目标：提升宝宝对物体色彩和事物外部轮廓的分辨力。

1.做一个和孩子头差不多大的小型纸灯罩，如利用玻璃纸和铁丝做一个六面体的灯罩，注意上面不能封住。

2.装上弱的白炽灯。随着玻璃纸颜色的不同，会有不同的光。

3.让孩子摸一下灯罩，感觉灯的温度和光的颜色。

4.把电灯放在孩子的房间，增加新鲜感。

17 踩同样的颜色

目标：教宝宝认识不同的颜色。

1.在地上贴上多种颜色的色纸。

2.当妈妈说："红色"，孩子就踩在红色的纸上。

3.让孩子的双脚可以分别踩在靠近且颜色相同的色纸上。换几种颜色踩看看，孩子很快就能认识各种颜色。

18 呼啦圈旅行

目标：锻炼宝宝听懂指令性语言，提高肢体协调能力。

1.让孩子试着滚动呼啦圈。

2.将呼啦圈"往前"、"往后"、"往左边"、"往右边"的方向滚滚看。

3.妈妈告诉孩子"要往山上爬喽"、"过小河"、"有公交车来了，要闪到路边"、"前面有小朋友在走喔"等特殊情况，让孩子做出正确的应变，并调整呼啦圈的滚动方式。

19 循声找人

目标：训练宝宝辨别声音的方向，刺激宝宝的听觉。

1.大人藏好，呼唤孩子的名字，孩子闻声找来，如找见则很高兴。

2.如找不见，大人可再喊一声，或露一下再藏起来，再让孩子找。

3.大人还可帮孩子藏好，告诉他："喊一声爸爸，爸爸就能找你呀。"

4.然后大人走开。当孩子喊爸爸时，大人假装找呀找呀，一边找一边说："小××藏哪儿呢？让我找不见。"

5.当一下找到孩子时，孩子也会非常惊喜快乐。

20 对照物品

目标：帮助宝宝调动自己的记忆储存，强化其记忆能力。

1.大人领孩子到商店去，先让他找出与家里相同的东西，特别应到卖玩具的柜台，让他找出他玩过的玩具。

2.让他说出每件玩具的名称，如说不全，大人可以提醒，回家后还可对照。

3.对于生活用品还可要求孩子说出买回家有什么用途。

16～18个月运动游戏

01 模仿运动

目标：让宝宝模仿简单的运动，提高身体灵活性。

1.告诉宝宝："现在妈妈要做各种运动，你也和妈妈一起做！"教他游戏的方法。

2.双手高举，并对他说："双手往上同举，万岁！"

3.手拍几下，并对他说："来，拍拍拍、拍拍拍。"然后再跟他说："来！跟着做。"让他模仿。

4.双手手掌迭在头顶，并说："哇！好热、好热哦！将手放在头上遮太阳。"让宝宝双手迭在头上。

5.妈妈的手一边做圆形运动，一边说："咕噜咕噜、咕噜咕噜，手画圆。这手画完，换另一只手。咕噜咕噜，咕噜咕噜！"让宝宝跟着你做圆形运动。

6.将球放在两人之间，互相踢球。踢过去之后，妈妈把脚抬高，或故意跌倒给宝宝看。

7.双手抱球，放在头上，让他一手扶着球，一手做圆形运动。

02 追影子

目标：锻炼宝宝行走的稳定性，促进视力的发展，丰富认知，培养反应能力，增进身体灵活性。

1.选择晴朗的天气，带宝宝到户外。妈妈先踩一踩宝宝的影子，然后说："呀，我踩到宝宝的胳膊了。"

2.妈妈忽快忽慢，让宝宝来追。

3.然后和宝宝互相踩影子，比一比看谁能不被对方踩到，踩到后可以大叫："我踩到你的胳膊了！我踩到你的腿了！"

03 随着音乐起舞

目标：促进宝宝大运动能力的综合发展以及反应能力，提高动作的连续性和准确性。

1.幼儿听到悦耳的音乐，不需别人教他，便会跟着音乐的节奏摆动身体。

2.因为舒适的音乐能让人放松心情，不知不觉间身体便随着音乐起舞。

3.这时候，妈妈可以陪幼儿一起跳，先配合音乐摇摆身体，然后跟他跳一些电视上学来的或自己发明的即兴舞。

04 下楼梯

目标：锻炼宝宝爬楼梯的能力，加强腿部力量，提高整体运动能力。

1.让孩子抓着扶手一步一步慢慢地下楼梯。

2.如果他害怕，可以从他敢走的高度开始学习，同时训练他如何平衡全身。

05 追泡泡学跑步

目标：锻炼宝宝动作的协调性和灵活的应变能力，让他保持浓厚的兴趣和愉快的情绪。

1.大人吹泡泡，宝宝看到泡泡飞，会跑去追，这时大人可以让宝宝学习新的词"飞"和"追"。

2.当泡泡破了时，教宝宝说"破了"。

3.在玩的过程中大人会提醒宝宝“慢慢跑”和“快点跟上”。

4.如果宝宝摔倒了，让他自己起来，继续游戏。

5.也可以让宝宝吹泡泡，吹出来后，再去追。

06 捡瓶盖

目标：提高宝宝精细动作的能力，并丰富宝宝的触觉。

1.将几个瓶盖和大扣子混放于一个盒子内，打开盒盖，让宝宝把瓶盖捡到盒盖上，把两种东西分开。

2.大人先替宝宝做一次示范，看看宝宝能否逐个把瓶盖捡出来。

3.瓶盖不宜放得太多，先放3个，能捡齐就要表扬“宝宝真能干，能捡干净”，以后逐渐增加，但不超过10个。

4.宝宝捡一个，大人数一个，捡清后要让宝宝再仔细看还有没有，以养成做事彻底，一个不漏的习惯。

07 采蘑菇

目标：训练宝宝走和蹲的动作，提升宝宝的肢体协调能力。

1.爸爸妈妈准备一个小提篮、一只玩具兔子，一些彩色硬纸剪成的蘑菇，并将蘑菇散落在地上。

2.取出玩具小兔，说：“小兔子饿了，宝宝给采一些蘑菇。”

3.让宝宝提着篮子拾蘑菇，再走回父母身边来。

08 踢足球

目标：训练宝宝的下肢力量和肢体平衡能力。

1.孩子玩球时，可把两个小板凳相距1米左右摆开，当作球门；让孩子在距板凳1～2米处，先用手滚，把球滚进“球门”。还可用脚射门，手脚相间进行。

2.以后逐渐拉远距离射门。或是缩小球门间隔距离。

3.为了保持孩子玩球得兴趣，可多变换玩法，还可大人和孩子一起比着玩。

09 吹吸管

目标：增强宝宝的肺活量，提高宝宝的逻辑思维能力和观察能力。

1.在杯子里装水后，让孩子用吸管吹吹看。

2.把吸管放在水里吹气，就会随着水的不同深度而发出不同声音。

3.倒入果汁或牛奶后吹吹看。

4.泡泡会“啵啵”地上来，很有趣喔！

10 投沙包

目标：培养宝宝肢体协调能力。

1.准备一个沙包和一个轻巧的容器。

2.妈妈和宝宝面对面站好，相距几步就可以了。妈妈把沙包投向宝宝，让宝宝拿着容器去接。

3.和宝宝进行比赛，宝宝扔沙包，妈妈接，以谁接得多为胜。

11 拉东西

目标：轻巧的或有轮子的玩具都很适合这个游戏，拖拉玩具能给予孩子新鲜的刺激。

1.在玩具上绑一条适当长度的绳子。

2.妈妈引导孩子的手去抓绳子。

3.孩子最后抓着绳子把玩具拉过来。

12 敲打纸卷

目标：锻炼宝宝手的灵活性和准确性，促使宝宝的身体和头脑发展均衡。

1.将纸卷成长棒状，用胶带固定。

2.让孩子分别拿着纸卷敲打东西。

3.同时敲，两个交换着敲。

4.纸棒以交叉的方式敲敲看。

13 戴着杯子帽走

目标：训练宝宝掌握身体的重心。

1.让孩子在头上戴上纸杯帽子走走看。

2.重心抓不稳的话，杯子会掉到一边。

3.让孩子戴着纸杯在房里来回地走，使他熟悉平衡感。

4.孩子能走完全程不掉杯子，然后把纸杯给妈妈，就算成功了。

14 以手代脚

目标：训练宝宝的爬行和翻越能力。

1.让孩子趴好，两臂撑起前身，大人在后面轻握两腿腕抬起，使宝宝两前臂吃力，支撑前身。

2.这时大人稍用力向前推孩子驱使两臂向前挪动前进。

3.大人可喊："小狗爬爬，小狗爬爬。"可间歇进行。

16～18个月语言游戏

01 说物品名字

目标：让宝宝知道不同的人和物品有不同的名称。

1.触摸一件物品，如一张桌子。

2.将宝宝的手放在桌子上，说："桌子。"

3.接着说："××（宝宝的名字）在摸桌子。"边说边摸。

4.重复这个游戏，触摸其他的东西，或是宝宝身体的部位。

02 和玩具说话

目标：提高宝宝的语言交流能力。假装玩具或物品说话时，记着要用一种较高的语调。

1.把宝宝喜欢的一个毛绒动物玩具（如玩具熊）举到你的耳朵；假装你正在听它说话。告诉宝宝玩具熊说："我们一起玩吧！"

2.将玩具熊交给宝宝，并问玩具熊说了什么。

3.继续做这个游戏，问问宝宝房间里不同的玩具或是物品都说了什么。

03 开商店

目标：提高宝宝的语言交流能力和社交能力，扩大宝宝的生活空间。

1.准备一些实物、图片、玩具做商品，纸片做纸币，和宝宝一起玩开店游戏。

2.你当售货员，宝宝当顾客。

3.你主动问宝宝："你要买什么？"宝宝指着他想买的东西，你把东西给宝宝的同时对宝宝说："请付钱。"

4.提醒宝宝把纸片给你。（可互换角色）

04 玩具的声音

目标：培养宝宝对声音的辨别能力。

想想宝宝喜欢玩的玩具，鼓励宝宝模仿那些发声玩具发出的声音。如：

1.火车——汽笛声。

2.汽车——喇叭声。

3.毛绒玩具——编出各种声音。

4.娃娃——编出各种声音。

5.积木——搭得越高，音调越高。

05 你好

目标：对宝宝进行外语启蒙教育，从而提高宝宝的语言能力。

1.如果你能说两种语言，就用两种语言跟孩子说话。即使你只会说英语，也要尽力用不同的语言说"你好"。

2.让孩子听听外语歌。

3.母语和外语相结合给宝宝讲故事。

06 奶牛“哞哞”叫

目标：帮助宝宝了解周围的声音，促进语言发展。

1.看看动物图画书，然后模仿动物们的不同叫声。

2.学宝宝认识的一种动物的叫声，并让宝宝在书中指出这种动物。

3.增加更多的声音——汽车的声音、消防车的声音、鸟叫的声音等等。

07 不同的声调

目标：帮助宝宝了解各种讲话方式。

1.唱一首你所知道的简单的歌曲。

2.首先用正常的声音唱。

3.再换一种声音唱并鼓励宝宝模仿。试着用不同的声音唱，包括：高音，低音，轻声，鼻音（唱歌时捏着鼻子）。

08 看图讲故事

目标：丰富的语言刺激环境能使宝宝储藏大量的语言信息，提升宝宝语言智能的发育。

1.从杂志上剪下孩子熟悉物品的图片，如动物、食物和小孩图片。

2.和孩子一起看图说话，例如，指着一头牛说：“牛在农场里‘哞、哞’叫。”

4.再问孩子牛怎么叫；如果不回答，你就重复一下刚才的话。

5.指着图中的小孩说：“小宝宝在摇篮里‘哇、哇’叫。”然后问宝宝小孩怎么叫。

6.让你的孩子选一张来描述，或是根据图片自己编一个简短的故事。

09 说些什么吧

目标：锻炼宝宝听和说的能力。

1.让孩子一边说：“冰箱很大，但纽扣好小喔！”一边配合手的动作和表情。

2.一边说：“猫是直着走，螃蟹是横着走，人是用两只脚走路，小狗是用四只脚走路，”一边模仿走路的样子。

3.在吃饭的时候也可以说："啦啦啦，用汤匙吃饭更好吃喔！"一边模仿吃饭的样子，然后再做出细嚼慢咽的样子。

10 记住名字

目标：训练宝宝知道自己的名字。

1.在家给宝宝营造一个环境，把几个玩具摆在一起，并分别给它们起个名字。

2.妈妈可以扮作老师，给宝宝和玩具娃娃们点名。可以从宝宝开始，也可以从玩具娃娃开始。点到宝宝的名时，要让宝宝说"到"，点到每个玩具时，让宝宝把玩具抱起来替玩具说"到"。这样宝宝就能记住自己的名字和每个玩具的名字了。

11 这是"我的"

目标：训练宝宝会说代词，丰富宝宝的语言能力。

1.当宝宝拿着一件心爱的玩具正在玩时，妈妈要故意问："这是宝宝的玩具吧?"如果宝宝不会说，就会拍拍自己的胸脯，表示是自己的。如果宝宝会开口说话，就会说："宝宝的。"或把自己的小名说出来。这时，妈妈要教宝宝说："这是我的。"教宝宝用"我"来代表自己。

2.反复和宝宝练习几遍，然后拿起宝宝的鞋子再问宝宝："这是宝宝的吧?"宝宝就会逐渐回答："我的。"多练习几次，宝宝就能应付自如了。

12 学习称呼客人

目标：锻炼宝宝判别和正确称呼生人的能力。

1.家里来客人时，妈妈要告诉宝宝该怎样称呼客人。

2.比如家里来了男客人，可以告诉宝宝："叫叔叔，说'叔叔好'。"来了女客人可以告诉宝宝："叫阿姨。"如果来的是年纪大一点的男客人，可以告诉宝宝："叫爷爷。"若来的是老太太，可以告诉宝宝："叫奶奶。"

每天游戏指导

第16个月 … 第1周

推荐游戏：【运动类】08踢足球，11拉东西；【运动类】12敲打纸卷；【语言类】04玩具的声音

这个月龄的宝宝，已经能蹲下了，蹲下后还能把地上的东西拾起来，并起身行走。如果宝宝1岁左右已经会独走，并且现在走得已经相当稳了，到了这个月龄可能会试图跑起来。 同时，宝宝会运动腕关节了，如果给宝宝穿拉链衣服，宝宝自己会把拉链拉开，把衣服脱掉。宝宝一旦有了这个能力，可能会不断地拉来拉去的。

所以，根据宝宝的这些特点，让宝宝的身体活动起来，多锻炼手和脚，让两者配合起来，可以锻炼身体协调性。踢足球和拉东西走这样的游戏是不错的选择。

第16个月 … 第2周

推荐游戏：【动脑类】11介绍夜光贴纸，20对照物品；【语言类】01说物品名字，10记住名字

这个年龄段的宝宝，大约能够认出10种以上的常见物品，并能说出其名称。当宝宝看不到这些物品时，也能想象出这些物品的样子。例如，当向宝宝询问某种不在他眼前的物品时，宝宝会拉着妈妈找到这个物品，并指给你看。这就是宝宝对客观事物从表象到抽象的认知能力。

这个时候的孩子很喜欢玩对照物品说名字之类的游戏，父母应予以配合，和孩子一起玩，这不但可以锻炼孩子的语言能力，也

可以帮助他认识自己。尤其是“记住名字”这样的游戏，能让宝宝记住自己的名字和别人的名字，是宝宝学会交往的开始，而且宝宝也会因为乐意同自己的玩具说话，从而学会更多的语言表达方式。

第16个月 … 第3周

推荐游戏：【动脑类】03藏在哪个杯子里，04猜猜看；【运动类】03随着音乐起舞，14以手代脚

这个时期的宝宝观察力越来越好，让宝宝玩猜物品的游戏，可以让宝宝的观察力得到进一步提升。专家们认为，踝关节的柔软性对人体健康是至关重要的。随着宝宝长大，开始手脚并用来完成一件事了。为了提高其柔软性和灵活性，防止幼儿扁平足的发生，可以让宝宝经常跟着音乐跳舞，多做一些手部和足部锻炼。

第16个月 … 第4周

推荐游戏：【动脑类】07听听有何不同，08小石子滑溜溜；【语言类】07不同的声调，11这是“我的”

这个时期的宝宝对什么事都很好奇，喜欢自己动手了。但是小手还缺乏准确性，捏光滑的球，可提高宝宝手指捏的精确度、力度及手眼协调运动的能力。

这么大宝宝注意力和判断力开始增强，当听到有趣的声音，会兴致勃勃地聆听。遇到这种情形，父母不要打扰宝宝，不要干预宝宝集中注意观察事物的过程。

宝宝已经能说出哪个物品是哪个人的，比如：“妈妈鞋”、“宝宝帽”等。能说出自己的名字了，比如自己想要吃水果，不再是“吃果果”，而是“妞妞吃果果”。反映出开始意识到自己的存在。“我的”意识变得强烈起来，从这个月龄的宝宝手里要东西，不是件容易的事。但与前几个月相比，宝宝不再会因为别人要他的东西而哭闹，他会动脑筋，使得别人不再要他的东西。

第17个月 … 第1周

推荐游戏：【动脑类】05观察白云，09芝麻饼与画眼睛；【运动类】02追影子，04下楼梯

观察力的培养对宝宝来说非常重要，让宝宝玩儿“观察白云”和“芝麻饼与画眼睛”，能很好地对想象力进行开发，观察宝宝是否能流畅地思考，是否具有想象力，如果宝宝的想象力较弱，就应从充实宝宝的生活经验着手培养。除非宝宝的想象有了本质上的偏差，否则不建议父母用自己的思维来约束宝宝的想象力。

此时的宝宝，会站并且会走已经数月，脚越来越稳，摔倒的次数也变少，能够顺利的通过转弯，也能够边走路手里边拿着东西，即使地面上有一些障碍或者不太平坦，宝宝也能安全地走过去。宝宝行动自如了，兴趣范围广了，所以变得喜欢四处“游荡”，寻找机会，做自己能做的事。

宝宝已经可以向上迈步爬楼梯，攀爬比较矮小的家具，所以父母在尽可能给宝宝提供练习机会的同时一定要注意看管，以免宝宝摔伤。在宝宝的世界里，爬上爬下是一件每天都要做，而且是非常有趣的事情，只要有可能，他就想挑战自己。在接下来的数月，宝宝将学会一些更复杂的本领，比如跑和跳，因此宝宝的力量也就变得越强，信心变得越足，身体也就更加灵活。

第17个月 … 第2周

推荐游戏：【动脑类】06纸箱游戏，18呼啦圈旅行；【语言类】03开商店，08看图讲故事

这个时期的宝宝能分清前后方向，妈妈说在前面，宝宝会朝前走，或向前看；妈妈说在后面，宝宝会转过头去，或转过身去；但还不能分清左右，对东南西北没有任何概念。会走的宝宝要把屋内的每个角落都观摩到，什么都想看，什么都想摸，什么都想尝试。柜中的东西一件件被宝宝拿到外面，丢了满

地。如果宝宝可以够到书架，他会把书一本本拿下来，“搞破坏”很有一套了。

与其让宝宝搞破坏，不让给他提供探索的条件，纸箱游戏、呼啦圈旅行、开商店等，都是可以在家里玩，满足宝宝好奇心、观察力等的好选择。看图讲故事能让宝宝安静下来，提高注意力和语言能力。

第17个月 … 第3周

推荐游戏：【动脑类】10模仿动物声音，19循声找人；【运动类】09吹吸管，10投沙包

宝宝在这段时间对不同的声音非常敏感，能认出自己熟悉的人的声音。也已经会模仿很多动物的叫声，能把看到的动物或者动物图片配对，模仿得惟妙惟肖。跟宝宝玩模仿动物声音和循声找人的游戏会让他非常开心。

在肢体方面，宝宝能够自己拿起小勺吃饭，并端着杯子喝水，用小碗喝汤，能自己摘帽子，脱鞋子，能与爸爸妈妈一起玩扔球的游戏，上个月扔球时还总是要往前摔，球只能扔在自己脚下，这个月的宝宝已经能站稳了，球也能扔出去一米远了。根据宝宝的这些特点，给他玩吹吸管和投沙包的游戏，能更好地锻炼肢体的运动能力。

第17个月 … 第4周

推荐游戏：【动脑类】02对对看，14图画盖子对一对；【运动类】06捡瓶盖，07采蘑菇

宝宝具有了对物品类别区分的能力。如碗、勺子都属于吃饭用的。宝宝不但会把鞋子放在一起，还知道鞋垫是放在鞋子里的，袜子、鞋子和鞋垫关系密切。

让宝宝看着书上的实物图片，能和现实生活中相同的实物联系起来，并指给妈妈看。能辨别简单的形状，如圆形、方形和三角形。能从照片中找出爸爸妈妈，有的宝宝也能找到自己。

第18个月 … 第1周

推荐游戏：【动脑类】01可爱的表情，12跟着表情做；【运动类】01模仿运动；【语言类】06奶牛“哞哞”叫

这段时间的宝宝模仿能力超强，他会学妈妈的咳嗽声，如果宝宝曾看过妈妈某种特殊的动作，如捂着疼痛的胃部，宝宝会学着妈妈的样子，同时还能模仿妈妈说话的内容、声音和妈妈的表情。所以，以上模仿类的游戏都非常适合这一时期的宝宝，父母可以经常跟宝宝玩，也可以举一反三、自由发挥，给宝宝创造充足的模仿机会。

第18个月 … 第2周

推荐游戏：【动脑类】13身体绘画，17踩同样的颜色；【运动类】05追泡泡学跑步

颜色视觉是宝宝对光谱上不同波长光线的辨别能力，宝宝的三色(红、绿、蓝)视觉很早就有发展。一岁多以后，基本能认识和准确指出红、绿、蓝、黄、黑、白六种颜色。这段时间，基本能说出六种颜色的名称。要多进行辨色练习，跟宝宝玩儿色彩类的游戏。

另外，进入1岁半以后，大多数宝宝已经能够下蹲、行走自如了。有的宝宝还可能会眼睛盯着地面，动作不很协调地往前“冲”着跑几步，追泡泡学跑步的游戏在这段时间会很受宝宝欢迎。

第18个月 … 第3周

推荐游戏：【动脑类】15数数看；【语言类】02和玩具说话，09说些什么吧

通常孩子不会喜欢坐在书桌前读书，因此孩子很难自己找到读书的乐趣，特别是数字游戏会给孩子带来精神上的压力。所以请通过有趣的方式，让孩子在日常生活中体会数字吧！

父母在教孩子学习说话时，应注意发音和词语准确，说话时的语句完整，联系实际以加深孩子对词语的理解，多带孩子外出游玩，增加语言兴趣。另外，宝宝玩耍时，周围并没有人和他对话，但宝宝会自己和自己说话，或者和玩具说话，这时家长没有必要打扰宝宝，宝宝是在锻炼自己的语言能力。

第18个月 … 第4周

推荐游戏：【动脑类】16感觉纸灯罩；【运动类】13带着杯子帽走；【语言类】05你好，12学习称呼客人

宝宝能借助工具取够不到的东西，能做很多精细动作，具有了很强的观察力，这不但是宝宝运动能力的进步，也是宝宝协调能力的进步，也表现了宝宝分析、解决问题的能力。这些你都能从感觉纸灯罩和带着杯子帽走等游戏中感受到。

这个月龄的宝宝，开始使用语言和周围人打招呼。如果客人要走了，宝宝会向客人说“再见”。基本上能掌握50～100个词，50%的宝宝能够掌握60～80个口语词汇。从这个月开始，宝宝的词汇量猛增，此后半年，可以说是宝宝词汇量爆炸期。

同时这个年龄，也是到了给宝宝建立良好人际关系的关键期。父母和宝宝建立良好的关系，是宝宝学会建立良好人际关系的基础。从父母对他的态度上，宝宝学会如何对待他周围的人。在宝宝成长的过程中，父母的言谈举止，为人处世，时刻影响着宝宝，对宝宝起着潜移默化的作用。如果父母言行不一，宝宝就会无所适从。宝宝正处在建立良好人际关系的关键期，这时父母的作用是非常重要的。

三、19~21个月游戏与指导

19~21个月动脑游戏

01 找影子

目标：培养宝宝的逻辑思维能力。

1.准备动物的彩色图片和影子图卡，并将它们配对在一起。

2.妈妈可以直接在图画纸上描出图案的外形，并涂上黑色，成为影子的样子。

02 用纸盒做积木

目标：提高宝宝动手能力和视觉记忆能力。

1.用纸盒制作孩子可以双手抱住的积木。在纸盒的表面贴上色纸来装饰积木。

2.让孩子抱着做好的积木或到处移动着把玩它。

3.有很多积木的话，可以把它们堆起来玩。

4.让孩子抱着积木往前面丢。

5.在积木的6个面分别画上不同的动物，让孩子丢积木，并猜猜出现在最上面的动物的名字。

03 派对帽和魔术棒

目标：锻炼宝宝手的灵活性，提高宝宝手眼协调能力。

1.将彩色的厚纸板剪成半圆之后，在其中一面贴上各种颜色和形状的色纸，并贴上蝴蝶结。

2.将厚纸板折成三角帽的样子使之固定。并在顶端插上棉絮，然后在三角帽下面的两端穿洞之后系上线，派对用的帽子就完成了。

3.魔术指挥棒也很容易做。先用图画纸把手杖粘贴起来，然后在上面贴上各种颜色和形状的色纸。

4.在顶端处贴上星星，其余部分贴上彩色胶带，当作把手来使用，再于手杖上写上孩子的名字。

5.戴上帽子，拿着魔术棒，孩子就变成了派对上的王子或公主。

04 盖子开了又关

目标：提高宝宝手的灵活性。

1.将各种不同开法的瓶子混合在一起，如转开的、“砰”一声打开的，再把瓶与盖分开。

2.孩子会找符合瓶口的盖子，将瓶子盖上。

3.把可以放进瓶子里面的米或黄豆放在孩子旁边，他就会把米或黄豆放进瓶子里，然后摇动着玩。

05 不同颜色的帽子

目标：训练宝宝对颜色的识别能力。

1.妈妈准备红、蓝、黄、黑、绿、白色的彩纸各两张。

2.妈妈用彩纸折成红、绿、黄、蓝、黑、白六种颜色的帽子各两顶，让宝宝在一旁观看；妈妈戴上黄帽子，让宝宝也戴上一顶帽子，并依次戴上不同颜色的帽子。

3.妈妈说：“蓝帽子。”宝宝能按照妈妈的指令找出蓝帽子，并能戴上。妈妈还可以和宝宝比赛，看谁找得准、戴得快。

06 拿掉一块积木

目标：发展宝宝的观察力，训练再认记忆及形象思维能力。

1.在完成的积木里拿出几块。

2.让孩子对照某一个图看看。

3.如果是动物，就让孩子一边看着尾巴、耳朵、眼睛、鼻子等图片，一边找出端倪来。

4.孩子回答出来的话，就让他拼拼看。

07 快乐的画图

目标：培养宝宝的创新思维能力。

1.在墙壁上贴上大张的白纸，

2.让孩子在白纸上用水彩笔沾着水彩，随心所欲地涂画，

3.把几张白纸连接起来的话，孩子也可以一边跑一边涂。

4.让孩子从画直线开始。

08 印手印

目标：提高宝宝自我认知能力，帮助其确定自己的存在感。

1.揉捏黏土，使之变成可以印上手掌的大小。

2.引导孩子在黏土上盖上手掌，并紧紧地压着一会儿。

3.拿开手时，黏土就会出现手的形状。

4.在下方写上日期后，放在阴凉处风干。

5.可以一年做一次手掌模型来保存。

09 寻找宝藏

目标：增进宝宝的触觉能力，提高其注意力。

1.在沙子里藏各种东西，如小珠子、纽扣、硬币等物品。

2.让孩子将手放进沙堆里找找看。

3.找到东西要抽出来之前，先问孩子摸到的是什么东西。

10 配配看

目标：提高宝宝的分类能力和识别颜色的能力。

1.将色纸剪成袜子或二指手套的样子。

2.请孩子找找它们的另一半，要依照样子和颜色才能配对喔。

3.找到手套的另一半后，请画线连起来。

4.将组合式积木的其中一块抽出之后，让孩子找出原本的位置应该在哪里。

11 数字游戏

目标：提高宝宝的数学智能，发展其观察力。

1.在色纸上写出数字后，用剪刀剪下。

2.让孩子看看剪下的数字，找出正确的位置并放回去。

3.如果将各种数字弄混，孩子在拼拼凑凑的过程中，也能学习到有趣的数字。

12 把球丢下水

目标：增强宝宝的逻辑思维能力。

1.洗澡时，妈妈和孩子在浴缸里保持30秒不动。

2.等到水的表面变静止时，请孩子慢慢伸出手，把球丢进去。

3.在球投入的地方会激起一圈圈的同心圆涟漪。

4.同心圆会碰到孩子的身体、妈妈的身体，也碰到浴缸周围。

5.当同心圆每次碰到孩子身体时，就数“1、2、3”。

6.告诉孩子：“小圈圈正靠过来说‘你好’呢！”

7.孩子每次在同心圆碰到自己身体时，会觉得很新奇有趣。

13 认左右

目标：培养宝宝的立体空间感，让宝宝分清左右的区别。

1.教孩子踢球时，告诉他："这是用左脚踢的，这是用右脚踢的。"

2.熟练后，反问孩子："刚才那球是用哪只脚踢的？"吃饭使用筷子、小勺时均可让孩子辨别左右手。

3.让孩子试说左和右。并告诉他右边有一只眼睛，左边也有一只眼睛。右边有一只耳朵，左边也有一只耳朵。

4.再看看胳膊和手，腿和脚是不是也是这样？这叫"对称"。

19～21个月运动游戏

01 有趣的手指游戏

目标：锻炼宝宝手指的灵活性，提高其大脑反应水平。

1.玩"剪刀、石头、布"的游戏。

2.用两根手指模仿人走路的样子。

3.在暗处，放置一盏亮着的灯，玩影子游戏。妈妈先做出有趣的手影，让孩子看着投射在墙壁上的影子，孩子会兴奋地动手指头哨！

4.妈妈和孩子互碰食指，玩推来推去的游戏。

02 碰碰球

目标：提高宝宝的精细运动能力，并培养其注意力。

1.让孩子拿球瞄准地上的球，并碰撞它使之弹开。

2.妈妈和孩子面对面，同时丢出球，让球互相碰撞在一起。

03 捏气球的绳

目标：培养宝宝控制身体动作的能力，发展宝宝运动的协调性。

1.将气球充入空气，系一条绳，绳的长度是宝宝站在地上需要抬脚并向上用力伸手才能够得到的。

2.让宝宝拿着绳子带着气球玩，当他松手时，气球就会飞到天上。

3.垂下的绳子就是宝宝抓到气球的唯一“线索”，这时引导宝宝去抓那根绳子。

04 一起投球

目标：培养宝宝的身体协调运动能力，提高其控制能力。

1.准备好一个大水桶和一个皮球。

2.先让宝宝站在距离水桶稍远的地方，妈妈站在水桶边，然后将皮球滚向宝宝。

3.当皮球滚到宝宝的身边时，妈妈引导宝宝拿起皮球向大水桶里投掷。

4.如果宝宝总是投不进去，可让宝宝走近些；如果宝宝投中了，妈妈就要为他喝彩。

05 给你米，给我米

目标：训练孩子手部的精细动作，增进他的小肌肉群发展。

1.请妈妈手里盛着满满的米，然后倒一些到孩子的手中。

2.孩子要将两手并拢来接妈妈给的米。

3.再请孩子把米倒回给妈妈。

4.进行游戏时，尽量以最少的量慢慢倒。

06 背一背，等一等

目标：锻炼宝宝的跑动能力，促进骨骼生长，增强腿部力量。

1.带孩子上街，尽量让他自己走，边走边念儿歌：

小鸡小鸡你别叫，
爸爸领你看热闹，
不要背来不要抱，
走起路来蹦蹦跳。

2.当孩子不愿走时，大人先是快走几步，面朝前蹲下，回头招呼孩子说：“快走，爸爸背背。”

3.孩子追上后，爸爸起身再快走几步，蹲下，再招呼孩子，“快走，爸爸背背。”

4.孩子可能要赖，哄逗一下让他追来，反复两三次再背上走一段。再哄逗让他自己走。

07 走平衡木

目标：锻炼宝宝的行走技能，提高宝宝运动的准确性、灵活性、平衡性。

1.用两块砖搭起一块宽20厘米、长2米左右的木板，让孩子走上去行进，来来回回上上下下。

2.根据孩子掌握平衡程度的进展，还可让孩子手提一只小桶或怀抱布娃娃，甚至可以慢跑、倒着走，鼓励孩子多进行此项活动。

3.也可边走边唱儿歌：

走木板，不眨眼，走到头，向回返，
抱住布娃娃，打着小伞伞，
走呀走，走呀走，一点没危险。

19～21个月语言游戏

01 图画和识字卡

目标：建立宝宝对文字的兴趣，提高语言能力。

1.准备有图画和文字的识字卡。

2.如果让孩子看苹果的图画，就说“苹果”，然后翻面，让他看写着“苹果”的字。“苹”和“果”无论何时都要合在一起念。

3.这次让他看汽车的字，然后看到图画之后，就模仿汽车“嘀嘀”的声音。

4.买饼干的时候让孩子看看包装纸上写的饼干名字。日子一久，他自然就会认得那个字。

02 打招呼

目标：提升宝宝的语言能力，打好社交的基础。

1.让孩子和自己的玩偶打招呼。

2.把玩偶放在孩子容易看见的地方。

3.试着这样问孩子："不错的早晨呢！今天想玩什么呀？我们今天玩过家家吗？"

4.妈妈也和孩子一起向玩偶打招呼。

03 认识汉字

目标：训练宝宝认识更多的字，提升其语言智能。

1.将家里的家具贴上汉字，让宝宝经常看到。当宝宝会认出一个汉字时，妈妈就将这个汉字写在硬纸板上，制成字卡，然后给宝宝认，看宝宝能否认出来。也可以写下宝宝能认的词，让宝宝同时认读。

2.当宝宝能认识一些有关动物的汉字时，妈妈可以引导宝宝拿着动物玩具，将字卡和动物玩具放在一起认读。晚饭后，妈妈可以将字卡逐个拿出来让宝宝读，妈妈可以将宝宝认得的字卡用皮筋捆上，第二天复习时继续使用，并连续复习一周。

04 传话

目标：提高宝宝的语言表达能力。

1.利用交给孩子任务的方式，比如爸爸要出门，妈妈告诉孩子："去，告诉爸爸戴上帽子，别冻着。"

2.孩子便找到爸爸说："爸爸，戴上帽子，别冻着。"或者说："爸爸，妈妈让我告诉你戴上帽子，别冻着。"

3.如果孩子传达得比较准确，句子比较完整，都应表扬。

4.还可以有意识地让孩子代替问话，如"宝宝，问问妈妈，爸爸的棉鞋放在什么地方"、"问问爸爸喝不喝水"等。

05 开关取物，放物

目标： 训练宝宝的语言能力和与人合作的能力。

1.找一只能开关的小盒，内放一些小玩具。

2.让宝宝在你的语言指示下开关取物，如：“宝宝把盒子打开，给妈妈拿出一块积木”或“宝宝把蜡笔放进盒子”等。

每天游戏指导

第19个月 … 第1周

推荐游戏：【动脑类】04盖子开了又关；【运动类】04一起投球

宝宝能行走以后，运动能力是他们智能发展的一种主要方式，因此父母要多和宝宝进行运动类游戏。此时期的孩子会从地上捡东西，能熟练地用杯子和勺；会踢球、扔球。研究表明，大脑皮层的成熟程度随手指运动的刺激强度和时间而加快。

因此，促进宝宝手指的灵活运动，是提高大脑半球皮质机能的有效手段。开关盖子和投球游戏能对这一时期的宝宝起到很好的锻炼作用。另外我们之前介绍的一些动手游戏也还可以重复拿来跟宝宝一起玩。

第19个月 … 第2周

推荐游戏：【动脑类】07快乐的画图；【运动类】01有趣的手指游戏

这个月龄的宝宝基本都能用会用笔画线了，从简单的直线慢慢过渡到弧线和形状。因此手部精细动作的锻炼功不可没。手部动作和手指类的游戏依然是重点训练的项目，父母可以多找这样的游戏跟宝宝互动。

第19个月 … 第3周

推荐游戏：【动脑类】13认左右；【运动类】05给你米，给我米

宝宝的认知能力有了显著的提高，父母可以将左右等方位概念更多地引入宝宝的日常行为当中，让他建立良好的空间概念。

同时，此时的宝宝有了一定的语言运用能力，在和爸爸妈妈的沟通上，有了不凡的表现，但他对人称代词还不能完全理解，当妈妈说“你”和“我们”时，宝宝不能明确知道指的是谁。宝宝不知道“你”就是自己，也不知道“我们”是自己和妈妈。如果把“你”换成宝宝的名字，宝宝就很容易理解了。父母可以将“你”“我”的概念融入到游戏中，像“给你米，给我米”这样的游戏，既可以锻炼宝宝的手部动作和身体平衡，又能在游戏中加深你我的概念，是非常实用的一款小游戏。

第19个月 … 第4周

推荐游戏：【动脑类】01找影子，05不同颜色的帽子

宝宝或许在前几个月就开始有了形状感知能力。到了这个月龄，大多数宝宝形状感知能力都有了明显提高，能够区分三种以上物体形状了。宝宝更喜欢对称的、色彩丰富、抽象的图案，宝宝更愿意倒着看图画书。这个时期，父母可以跟宝宝做“找影子”和“不同颜色的帽子”这样的游戏，来提高宝宝对物品形状和颜色的认知能力。

需要注意的是，宝宝认识红色是第一次学会一个共性概念，理解这个共性概念要比学认小汽车难得多，因此要允许宝宝用2～3个月来慢慢学习。教宝宝认颜色千万不要急躁，要多次示范，让宝宝从记住大量红色的东西之后，再逐渐理解红色指的是色彩，而不是物名。当宝宝学会认红色东西之后，要给以充分的时间做练习，千万不要再急于教宝宝认其他的颜色。经常鼓励宝宝把杂色玩具当中的红色东西挑出来，以便巩固成绩。

第20个月 … 第1周

推荐游戏：【运动类】06背一背，等一等；07走平衡木

这个时期的宝宝，平衡能力协调发展，蹲下起立和弯腰拾物，各种能力相互配合，逐步学会复杂的动作。好动依然是他们的天性，但是宝宝也开始像很多成人一样，对于自己已经会的东西兴趣开始减弱，开始犯懒。当他能走得很好的时候反而越来越愿意让父母抱着了。这时候可以玩“背一背，等一等”和“走平衡木”这样的游戏，给他的行走加入有趣的元素，让他的身体继续保持运动的活力。

第20个月 … 第2周

推荐游戏：【动脑类】02用纸盒做积木；【运动类】03捏气球的绳

宝宝的手越来越灵巧，他会扭动门把手，会自己开门走出房间，能认真地练习把绳子穿到带眼的珠子里，还会把一张粘有胶水的纸贴在物体上，并能搭七八块积木。当宝宝能拣起地上很小的东西，并能用拇指和食指准确地对捏起来时，说明宝宝的视力有了很大进步，有了对微小物体的注意能力。

所以，用纸盒做积木和捏气球绳这类的游戏会非常适合宝宝来做。

第20个月 … 第3周

推荐游戏：【动脑类】03派对帽和魔术棒；【语言类】02打招呼

手工游戏是这个时期的主打，旨在锻炼宝宝的手部灵活性，同时还能发挥宝宝的想象力，激发孩子的创造力。

对于这个学习能力超强的时期，父母就是要让孩子多听多看多动手，以发展视、听、触觉；要多和孩子说话和交往。这样既能促进听觉功能，还能满足孩子对情感的需要。要结合日常生活和一些简单的游戏培养孩子的思维、想象、实践、创造等能力。

在语言能力方面，到了这个月龄，有大约30%的宝宝能够使用多字组成的句子说话。尽管宝宝所说的句子还很简单，省去了很多词，但大多数句子是很容易让人听懂并理解的。“打招呼”之类的游戏技能锻炼宝宝的语言能力，丰富孩子的词汇，又能为其社交能力打好基础，非常有必要经常跟宝宝一起玩。

第20个月 … 第4周

推荐游戏：【动脑类】08印手印；【语言类】04传话

手是感知和创造最直接的工具，灵巧的双手能给宝宝带来巨大的成就感，父母不妨每年都留下宝宝的手印，这是记录宝宝成长最好的纪念品。

另外，这么大的宝宝不但具有极强的模仿能力，还能把他看到、听到和感觉到的东西综合起来，通过自己整合，创造出新的内容。“传话”类的游戏会让宝宝发展超乎想象的语言模仿和创造天赋。

第21个月 … 第1周

推荐游戏：【动脑类】06拿掉一块积木，09寻找宝藏

宝宝很早就会搭积木了，但不同的月龄有不同的搭法。到了这个月龄，宝宝会按照他自己的理解，用积木搭出他所见过的实物。刚刚搭建好的积木，宝宝会毫不吝惜地立即把它毁掉。这就是宝宝的自信，宝宝相信自己能搭建比这更好的，所以妈妈不必担心宝宝没常性，或具有破坏性。宝宝没有这样的精神，就没有创造力。

当然积木还有其他的玩法，比如拿掉几块积木或拼图考考宝宝的观察能力。观察力和记忆力的培养是宝宝以后学习能力的基础，这一能力除了拿积木之外，寻找宝藏、和以前介绍过的观察白云等游戏也非常适合给这个阶段的宝宝来玩。

第21个月 … 第2周

推荐游戏：【动脑类】12把球丢下水；【运动类】02碰碰球；【语言类】05开关取物、放物

这个月龄的宝宝，几乎可以随心所欲地使用双手，干自己想干的事情。宝宝能双手配合，把不同形状的积木插到相应的位置。宝宝喜欢往容器中放东西，不管什么都愿意把它们装进某个容器中，会把小娃娃、手表等放到水壶里，把沙子放到奶瓶中。宝宝能够比较准确地把各种不同形状的物体，通过不同形状的缺口放到容器中，最容易完成的形状依次是：圆形、方形、三角形，完成异形形状的速度要相对慢些。

所以，“把球丢下水”、“碰碰球”、“开关取物、放物”这样的游戏非常受宝宝欢迎。

第21个月 … 第3周

推荐游戏：【动脑类】11数字游戏；【语言类】03认识汉字

到了这个月龄，有30%以上的宝宝，会说出一个完整的句子。如果宝宝能够从1数到10，表现真的不错。如果你的宝宝能连续数到几十，甚至几百，那可是值得骄傲的养育成果。如果宝宝只会告诉你他1岁或2岁了，还不会从1数到10，甚至还不会从1数到3，没关系，现在宝宝不会数数，不能说明宝宝智商有什么问题。

但是父母可以发展宝宝数学方面的智能，所谓数学智能，就是发现数字的内在含义，并能把“具体事物”转化为“抽象符号”，再进行抽象事物的处理，最后来思考假设与陈述问题的关系和含义。因此宝宝数学智能的培养，有助于其在今后数学计算、逻辑思维、问题解决、归纳和演绎推理、对模型和关系的辨别等方面具备发现问题和解决问题的能力。

另外，有些发展好的宝宝已经开始认字了，需要注意的是宝宝在认字时，往往会从字形来记认，动用左脑记住文字的读音，用右脑记住图像。通过游戏引导宝宝认识汉字，可以提高宝宝认字的积极性。

第21个月 … 第4周

推荐游戏：【动脑类】10配配看；【语言类】01图画和识字卡

宝宝能分辨一些颜色了。如果还不能分出红色和绿色，可能会是红绿色盲。宝宝能够分辨出不同的物体，并把相同的物体匹配在一起。宝宝已经能画出近似的水平线、垂直线和弧形线，喜欢画小动物等自然界中的实物。宝宝画的几乎都是“象形画”，但我们几乎猜不出宝宝杰作的内容。如果宝宝告诉你他画的是什么，我们就会恍然大悟，越看越是那么回事，并由衷赞叹宝宝的能力。

所以，这一时期可以跟宝宝一起玩“配配看”和“图画和识字卡”的游戏，让宝宝的能力得到进一步提升。

四、22～24个月游戏与指导

22～24个月动脑游戏

01 安静下来

目标：提高宝宝的数学智能，培养其注意力。

1.妈妈两手藏于背后；即使孩子正在生气，也会看见妈妈这个举动。

2.一边把手拿出来，一边从右手大拇指开始屈指数“一只羊……”，吸引孩子的注意。

3.用手指慢慢地数“两只羊、三只羊……”。

4.孩子一边看着妈妈的手指数数，渐渐地就会安静下来。

02 来做雪人吧

目标：增强宝宝对自身的认识，提高宝宝的认知能力。

1.画一个没有手、脚与脸的雪人在图画纸上。

2.剪下画着身体各部位的色纸。

3.请妈妈做出身体各部位的特定动作，让孩子猜对部位之后，再将色纸贴在雪人身上。

4.例如妈妈做出听的样子，孩子就必须贴上雪人的耳朵。

03 找朋友

目标：发展宝宝的认知能力，提高宝宝的形象思维能力。

1.妈妈把画有雨点、雨伞、绳子、剪刀的图片摆在宝宝的面前。

2.妈妈拿出画有雨点的图片问宝宝："外面下雨了，你出门时该拿什么?"

3.引导宝宝将画有雨伞的图片放在画有雨点的图片的旁边。

4.妈妈拿出画有绳子的图片问宝宝："用什么东西能把绳子剪开?"引导宝宝回答："用剪刀。"宝宝将画有剪刀的图片放在画有绳子的图片的旁边。

04 跟着我画

目标：锻炼宝宝手指的准确性和灵活性，促进宝宝智力的发展。

1.将大张的纸贴在墙壁上，请妈妈先画出一个简单的图案。

2.请孩子看着妈妈的涂鸦，在一旁跟着画画看。

3.不要只是画事物原本的面貌，也要表现出内涵的意义。例如：画行进中的车子扬起灰尘的样子。

4.和孩子讨论要画什么，让他画最想画的东西。

05 娃娃指挥家

目标：提高宝宝上肢运动能力，并培养其节奏感。

1.请孩子像指挥家一样，听到音乐时，就开始指挥。

2.让孩子看着管弦乐队演出的录像带跟着做。

3.指挥的样子是很有趣的动作。

4.边听音乐边摇动手部，孩子的韵律感自然而然会变好。

06 涂鸦板

目标：提高宝宝的想象力和创造力。

1.在小孩房间、客厅、厕所等地方贴上涂鸦板。

2.尽量做到让孩子无论何时都能涂鸦。

3.在涂鸦板附近放一些彩色笔。

4.在涂鸦板上可以尽情地发挥自己的想象力，孩子的创造力也得以发展。

07 笑的脸，生气的脸

目标：增加宝宝对面部表情的认识，帮助宝宝从面部表情辨别他人的情绪。

1.在图画纸上分别画出笑脸与生气的脸。

2.说一则关于笑脸与生气脸的故事给孩子听。

3.说到开心处时，让孩子看一下笑脸；说到难过处时，则看一下生气的脸。

4.即使只有表情，孩子也能了解故事的情境。

08 和娃娃玩

目标：训练宝宝对日常生活的观察能力，提高其模仿能力，在模仿中学习生活中的常识。

1.即使贵了点，也要选择触感佳、表情富于变化的玩偶，当作孩子的礼物。

2.让孩子帮玩偶取个好听的名字。

3.帮娃娃梳头或是换衣服。

4.告诉孩子胡乱操纵娃娃的话，他可是会痛的。

5.教孩子和娃娃互相碰碰脸颊，打打招呼，寒暄一下。

6.这样孩子会觉得与娃娃之间有着很强的亲密感。

09 花的游戏

目标：让宝宝感受玩的愉悦，收获快乐情绪，从而形成开朗热情的性格。

1.春、秋花开时，和孩子到户外去赏花。

2.用花做成时钟、手环和脚环。

3.将大波斯菊挂在孩子的耳朵上。

4.一起躺在花圃中闻闻花香味。

5.爸爸和妈妈每人给孩子一朵花当礼物。

6.到溪边去，让花顺水漂流而去。

7.不要胡乱剪、摘花朵，也要教孩子如何照顾、爱护花朵。

10 箱子是我的家

目标：锻炼宝宝独立生活的能力。

1.用布做成箱子的门，在里面挂上电灯。

2.用色纸和装饰品一起装饰房屋内、外。

3.在箱子做成的房子里，让孩子保管自己喜欢的东西。

11 画我的家人

目标：培养宝宝手指的灵活性，增进宝宝与家人间的亲密感情。

1.让孩子画爸爸、妈妈和兄弟姊妹。

2.孩子画图时，妈妈在旁边跟孩子说有关家人的事情。

3.让孩子先画出想画的人。也可以看着照片画。

12 面粉团游戏

目标：让宝宝手部动作更加协调，更加灵活。

1.用面粉团捏成各种形状的面团。

2.将玩具放在面粉团上使劲地压，就会出现玩具的轮廓。

3.在面粉团上仔细刻画出玩具的模样。

4.也可请妈妈画出动物大概的形状，让孩子完成细部或上色。

5.再拿一些面粉团，让孩子在上面做眼睛、鼻子和耳朵等五官。

13 三角铁演奏

目标：让宝宝感知声音的高低，发展宝宝的音乐智能。

1.让孩子一边听着童谣或古典音乐，一边配合拍子敲击三角铁。

2.第一次请妈妈握着孩子的手一起敲打。

3.孩子很快就会熟练，然后配合节奏敲击三角铁。“锵锵锵”，三角铁美妙的声音不断地在孩子的耳中回响。

4.让孩子配合着华尔兹的旋律——“强弱弱”、“次强弱弱”敲击。

5.也可让孩子用打击棒在三角铁的内边来回乱敲，撞击出嘈杂的声音。

14 寻找数字

目标：启发宝宝对数的基本认知，提高宝宝的数学能力。

1.在一张纸上随意写上数字1～20。

2.这是从1开始，依2、3顺序画线，并将数字互相连接起来的游戏。

3.连接当中就如同旅游一般，请爸爸、妈妈一起跟着孩子走。

4.跟着孩子走的时候，可以说："5过去了唷，接着就换6了喔！"帮助孩子熟悉数字。

15 是什么图案呢

目标：训练宝宝的图形感知能力。

1.这是一个妈妈将图卡放进窗格子里，让孩子猜猜是什么图案的游戏。

2.将牛皮纸袋的其中一面割出窗格子的形状。

3.将画好的动物图卡放进去。

4.就像画在瓦楞纸板上的图一样，孩子很难一下子就看出动物的形状。

16 磁铁游戏

目标：发展宝宝的想象力、形象思维以及创造性思维能力。

1.将一个磁铁绑起来以后，请孩子拿另一个磁铁碰触看看。

2.磁铁会紧紧地互相吸住或互相排斥。

3.让孩子将两个磁铁放在地上，并互相碰触看看是相吸还是相斥。

4.跟孩子说明磁铁的原理。

17 布偶写生

目标：锻炼宝宝双手配合动作的能力，提高手部运动的随意性和准确性。

1.画一画坐在沙发上的布偶。

2.开始时，请妈妈把着孩子的手画图，孩子很快就会说要自己画。

3.一边画眼睛、鼻子、嘴巴、耳朵、手和脚，一边和孩子聊着娃娃的事。

4.对孩子说："娃娃的眼睛又圆又漂亮呢！娃娃在微笑呢！"

5.在图的下方写上娃娃的名字。

18 摸摸看就知道了

目标：锻炼宝宝记忆能力和感知能力。

1.在纸箱两边各挖一个足以让孩子手臂伸进去的洞，然后，放入几样物品。

2.妈妈将手伸进一边的洞，孩子伸进另一个洞。

3.一边触摸物品一边描述大小和形状。

4.想象一下是什么东西。

5.孩子和妈妈一起触摸物品，能仔细而生动地分享关于物品的触感特征。

6.孩子发挥想象力时，头脑会变发达。

19 认识上下，前后

目标：通过让宝宝摆放物品，并结合语言和动作来理解上和下的概念，促进其空间智能的发展。

1.大人问孩子，被子盖在哪？褥子铺在哪？孩子答复后，告诉他，被子盖在你身上面，为“上”；褥子铺在你身下边，为“下”。

2.当玩踩影子的游戏活动时告诉他现在影子在我前面，赶快去踩。现在影子在我后面。还可说：宝宝在我前面走，爸爸在宝宝后面走。

22~24个月运动游戏

01 到游乐场去

目标：锻炼宝宝的运动能力。孩子经常会看向爸妈，此时请不要吝啬你的称赞与激励，以让他安心。爸爸妈妈也可以和孩子一起使用游乐器材。

1.溜滑梯时能感觉到速度感。

2.孩子荡秋千时，请爸爸妈妈各站在前后保护，并前后推动。

3.鼓励在攀爬架里爬上、爬下的孩子。

02 相扑游戏

目标： 使宝宝的骨骼与肌肉进一步发达，提高其运动能力。

1.准备一个和孩子身材相当的大玩偶或婴儿车等有些许重量的物品。

2.让孩子用双手推它。

3.爸妈在后面托着孩子，防止他推得太用力或跌倒。

03 跨棍子游戏

目标： 提高跑跳能力，提升其运动智能。请小心摇动棍子，别让孩子受伤。

1.妈妈将棍子放在地上，慢慢地左右摇动。

2.这个时候孩子一面跳，一面跨过棍子。

04 翻筋斗

目标： 促进宝宝全身协调能力的发展。

1.将垫子摆在房间的正中央，然后让宝宝将头、双手放在垫子上，并且单脚一边抬起，往斜前方翻滚。

2.最初宝宝可能会做不好，这时可以让妈妈用手帮他。反复几次之后，宝宝就渐渐熟练了。

3.妈妈在不碰到宝宝的范围内，和他一起翻筋斗，能提高宝宝对游戏的兴趣。

05 面纸足球

目标： 锻炼宝宝思维的活跃性，开发宝宝的想象力。

1.轻轻地将面巾纸揉成一团，做成球的形状。

2.孩子和爸爸各拿着一块垫板或扇子扇风，让纸球移动。

3.玩接球和发球的游戏。

4.垫板不能碰触到球，只能用风让球移动。

06 飞啊！纸飞机

目标： 锻炼孩子跑的能力。

1.将纸飞机扔出后，请和孩子一起跟着纸飞机跑。

2.和孩子轮流扔纸飞机。

07 旗子倒了

目标： 训练宝宝双手配合协调动作的能力，提高手部运动的随意性和准确性。

1.堆好沙堡后，在顶端插上旗子。

2.爸爸、妈妈和孩子轮流抓一小把沙子起来。

3.沙堡渐渐变小，旗子也开始摇晃。

4.将沙子拿走的当中，如果谁让旗子倒了就输了。

08 两只小白兔

目标： 让宝宝练习平稳地向指定方向走。

1.选择在室外进行时，可在平坦的地面上画一个圆圈；选择在室内进行时，可在一张圆桌旁。

2.准备好两张硬纸板，妈妈和宝宝分别头顶大小相同的硬纸板，装扮成两只大白兔，面对面隔圆圈或圆桌而站。

3.游戏开始后，妈妈和宝宝同时按顺时针方向走，不能用手扶头上的东西。

4.如果头上的纸板掉下来，就必须在原地捡起放回头上，才能继续进行。看谁先回到原位，谁先回到原位谁就获得胜利。

09 吹色纸

目标： 增强宝宝的肺活量。比赛时色纸不要碰到嘴巴。吐气越久，色纸会飘得越久。

1.在妈妈和孩子的额头上分别贴上长条状的色纸。

2.让色纸可以碰触到嘴唇。

3.用嘴巴“呼——”地吹气，色纸会飘动。

4.妈妈和孩子同时吹动色纸。

10 爬楼梯

目标： 提高宝宝的运动智能，让宝宝的肌肉和心肺功能更发达。

1.牵着孩子的手，一起爬楼梯。

2.一边一阶一阶地往上爬，一边鼓舞孩子给予勇气。

3.爬上楼梯后，让孩子回头看看自己爬了多少阶。

11 气球变羽毛球

目标： 使宝宝的身体动作均衡地发展。

1.让孩子用羽毛球拍拍打气球。

2.让孩子将气球拍打到妈妈所在的位置。

3.让孩子将气球打到床的上方。

4.让孩子一边拍打气球，一边到处跑来跑去。

12 跳房子

目标： 锻炼宝宝的腿部力量，增强身体的灵活性，使宝宝的体质得到锻炼。

1.开始，在地上简单画上几个格子扔出一个毛毽子，让孩子用单腿或双腿蹦跳过去拣到毽子再跳回来，跳一段后还可跳离地高5厘米的橡皮筋。

2.教会孩子这首儿歌：

跳房子，跳呀跳，跳出青蛙呱呱叫。
叫一叫，笑一笑，毛毽毽，要拣到。

13 肥皂泡

目标： 锻炼宝宝的运动能力，增加孩子的想象力。

1.在一块较宽敞的平地上，大人吹肥皂泡，让孩子追逐、捕捉。

2.然后让孩子自己吹，可走着吹，可跑着吹，大人可随之追逐。

3.肥皂泡的飞飞扬扬，可增加孩子的想象力，大人应抓住几个，张开手掌让孩子看看，告诉他这里面也是空气，虽然他还听不懂，但可作为疑问的信号，储存在孩子的脑海里。

14 钻绳

目标：锻炼宝宝身体的灵活性和反应的敏锐性。

1.一根红毛线绳横拴在两个凳子或两根竹竿中间，离地面约50厘米高，让孩子钻过去钻过来，不允许碰着绳。

2.孩子可能爬着或像猴子一样，四脚着地向前走动。

3.大人在旁边唱儿歌：

钻哪钻哪钻绳绳，
一下钻出个大虫虫。

15 玩具旅游

目标：提高宝宝的运动能力和肢体协调能力。

1.在5米远的地方放十几件孩子爱玩的玩具，在这边放上孩子玩的玩具车（小火车、汽车或小拉车）。

2.跟孩子说："让那边的玩具去旅游，到北京、上海……赶紧把他们装上车，只能一件一件地装，爸爸喊'一二'就开始，好吗？"

3.开车后，孩子一趟一趟地跑着拿。大人帮助装车，都拿完，拉着车转一圈，就说到了北京、广州、上海，假戏真作。

4.玩几次后，在中间横拉一根离地面20厘米的橡皮筋，当做"沟"，让孩子拿玩具，进一步增加些难度。

16 过马路

目标：提高宝宝的运动和模仿能力。

1.画两条相距2～3米的平行线，当作马路。

2.让孩子分别模仿小鸭、青蛙、螃蟹过马路。

3.大人先得做好示范，小鸭怎么走，青蛙如何蹦，螃蟹怎样横着走，让孩子学会，每天过一两次。

22～24个月语言游戏

01 元音游戏

目标：让宝宝更正确的发音，提高宝宝的语言能力。一边强调元音，一边让孩子用夸张的表情发音。

1.像数数一样，配合口令的节奏，开始发元音。

2.请孩子发出“啊、呀、喔、呦、呜”的音。

3.配合节奏以断音符号的形式，恰似柔软又低沉的大提琴，或像打鼓一样发出较强的音。

4.将嘴巴张到最大，愉快地做出搞笑的表情。

02 换一种说法

目标：提高宝宝的语言表达能力。

1.准备一只美丽的布娃娃，一只丑的布娃娃。出示美丑两只布娃娃，让宝宝比较观察，然后启发提问：“宝宝，这两只娃娃谁好看？除了说她好看，还可以怎么说？”（美丽的、漂亮的）。

2.家长出示丑的布娃娃，提问：“这只娃娃长得怎么样？除了说她难看外，还可以怎么说？”（丑陋的）。

03 贴文字游戏

目标：让宝宝懂得事物和文字间的关联关系，识字启蒙。

1.将孩子喜欢的布偶名字写在纸上，然后贴在布偶上。

2.写上玩具的名称，也贴在玩具上。

3.宝宝时常看到贴在布偶或玩具上的文，慢慢就会将文字与名称关联起来。

04 童话里的声音

目标：提高宝宝的语言理解力。

1.童话里会出现各种声音。妈妈可以一边念，一边发出声音。如问孩子：“樵夫砍柴的时候会出现什么声音呢？”

2.孩子可以回答：“咚咚，咚咚！”

3.再问孩子：“狮子突然出现了，会发出什么声音呢？”

4.孩子会说：“吼！”

5.一边读童话，一边找出可以让孩子发出声音的事物，让孩子觉得读童话真的很有趣。

05 读报纸给宝宝听

目标：培养宝宝的语言及观察能力，提高宝宝的表达能力。

1.先看孩子最喜欢的版面，可能是广告版、电视节目介绍、天气预报、运动版。

2.如果有孩子喜欢的电视节目的话，请告知孩子播出时间。

3.看看天气，问孩子该穿什么衣服。

4.漫画也会引起孩子的注意。

5.请妈妈一字不漏地念给孩子听。

6.孩子问问题的话，请先暂停，等回答完问题以后，再继续念。

7.请将孩子喜欢的图或照片剪贴下来。

06 打扮起来

目标：培养宝宝语言能力并增加其词汇量。

1.将所有的服饰收集到一起——帽子、围巾、鞋、手套，或者其他孩子会喜欢的东西。

2.戴上一顶帽子，说：“你好吗，××（宝宝的名字）先生/女士？”

3.戴上一只手套，说：“哦，摸起来很滑。”

4.让宝宝拿起一件衣物，如果不知道是什么，可以帮忙。

07 在浴池中唱歌

目标：和宝宝一起洗澡，是一个特别的亲情时段。和宝宝边洗澡边唱歌其乐无穷，还可以教给宝宝语言技能。

1.给宝宝洗澡时，父母可以边唱下面的儿歌边给宝宝洗澡：

该洗你的脚丫，
洗脚丫，洗脚丫。
该洗你的脚丫，
洗得干净又漂亮。

2.还可用其他身体部位演唱，如腿、脸、膝盖、脚踝、腰和肚皮等。

08 唱出名称

目标： 培养宝宝的说话能力。

1.与孩子坐在地板上。

2.通过唱或朗诵的方式说说屋里孩子熟悉的物品的名称："我可以看到玩具熊（或是其他常见的物品）。"

3.让孩子摸摸玩具熊。

4.继续说出屋里其他物品的名称。每次说名称时，先用一句话把它朗诵或唱出来，再让宝宝摸摸它。

每天游戏指导

第22个月 … 第1周

推荐游戏：【运动类】10爬楼梯，12跳房子；【语言类】01元音游戏

这个月的宝宝能够自如自在地跑步，跑跑停停，并学会了奔跑。宝宝会借助不同高度的物体爬向高处，拿到他要的东西。宝宝有胆量，也有能力从高的物体上跳下来。

如果宝宝上个月就能够原地起跳了，这

个月可能又长了新本事，已经不仅仅是原地起跳，还能原地跳远了。如果上个月就能原地跳远了，这个月会跳得更远。运动能力强的宝宝，可能会在奔跑中向前跳。宝宝已经能够自由上下楼梯，所以，这段时间爬楼梯和跳房子这样的游戏会让宝宝非常感兴趣，也能给宝宝最好的锻炼。但上下比较陡峭的楼梯，最好还是牵着宝宝的手。

第22个月 … 第2周

推荐游戏：【动脑类】06涂鸦板，12面粉团游戏；【语言类】03贴文字游戏

宝宝握笔写字、画画的姿势已经很标准了，宝宝最喜欢画的是太阳和太阳放射出来的光芒。现在还不是教宝宝画画的时候，让宝宝尽兴去画好了，想怎么画就怎么画，没有必要手把手教，父母需要的是给宝宝准备理想的涂鸦工具。让宝宝信手涂鸦是发展想象力的途径，是培养逻辑思维的方式。因此，妈妈面对宝宝的涂鸦游戏，不管他涂得如何，都不要禁止，也不要过早地教给宝宝绘画的规则，因为这时期的宝宝涂鸦都是无序、无控制的活动，同时宝宝想象力比绘画技巧重要得多。如果妈妈介入宝宝的涂鸦活动，就会扼杀宝宝天生的直觉与创意。

宝宝开始对橡皮泥产生浓厚的兴趣，用彩色橡皮泥捏各种不同形状的物体，但宝宝还不能捏出实物样的物体，只是凭着自己的想象，捏出成人猜不出来的物体，宝宝通常会告诉你他捏的是什么。担心橡皮泥安全问题的父母，也可以给宝宝玩捏面团的游戏，同样可以锻炼宝宝的动手能力和想象力。

在这个月，动手能力强的宝宝开始练习使用儿童安全剪刀来剪纸。宝宝学会了使用剪刀，家里的物品就没有安全保证了。在无人发现的时候，宝宝可能会用剪刀剪书，能力强的宝宝可能还会剪衣服或被单。与其让宝宝搞破坏，不如让他把这种能力运用到学习中来，将写了名字的纸条教给宝宝剪下来贴在玩具和布偶身上吧，这个游戏既能满足宝宝的动手欲望又能帮宝宝建立事物和文字之间的关联。

第22个月 … 第3周

推荐游戏：【动脑类】07笑的脸，生气的脸；08和娃娃玩儿【语言类】04童话里的声音，05读报纸给宝宝听

这个月龄的宝宝，仍然不愿意小朋友分享玩具和饮食，但开始学着谦让比自己小的宝宝了。如果小宝宝抢了他手里的东西，他可能只是看看妈妈，并不去与小宝宝争抢。这不意味着懦弱，而是有爱心了，宝宝的社交往前迈进了一大步，渐渐融入幼儿社会。“占有欲”的减弱是宝宝学会与人分享快乐的开端，是宝宝和小朋友一起游戏的开始。

父母除了多带宝宝跟其他小朋友接触之外，还可以有意识地培养他的社交能力，“笑的脸，生气的脸”、“和娃娃玩儿”等能从不同的方面增强宝宝对人的认识，以便更好地发展其社交智能。

在语言方面，宝宝的发音开始丰富起来，会模仿其他人的语音语调，会通过语调表示发怒和伤心，会通过语音表示出兴高采烈，能够声情并茂地使用语言，会学爸爸的咳嗽声，会哼哼一两句歌词。看图说话是这个月龄段宝宝学习的重点。实际上宝宝什么也不看，也能凭借自己的想象，编出故事来。现在该轮到父母当听众了，如果父母能够做一个忠实的听众，就是对宝宝最大的支持和鼓励。多给宝宝阅读的机会并在阅读中加入游戏的成分，会让宝宝的求知欲更加旺盛。

第22个月 … 第4周

推荐游戏：【动脑类】02来做雪人吧，03找朋友；【运动类】01到游乐场去，13肥皂泡

宝宝开始知道白天和黑夜的区别，大多数宝宝开始认识晴天、阴天、刮风、下雨和下雪，聪明的宝宝开始对季节有了认识，知道冬天下雪，夏天下雨。在晴空万里的夜晚，宝宝能看到夜空中亮晶晶闪烁的星星和皎洁的月亮，并能对这种自然景象留下印象。

所以这段时期，父母要带宝宝尽量多接触大自然，多玩一些跟自然界有关的游戏，多做一些户外运动，这些都能增长宝宝的见识，拓宽他的视野，同时还能在愉悦的氛围中让身体得到锻炼。

第23个月 … 第1周

推荐游戏：【动脑类】19认识上下，前后；【运动类】02相扑游戏，04翻筋斗

这么大的宝宝开始喜欢上了翻筋斗，空间感开始逐步建立，大多数宝宝知道前后左右方位了，翻筋斗是身体在体验空间的奇妙，反复往斜前方翻滚，能够促进宝宝全身协调能力的发展，也可以促进反射神经的功能，从而发展宝宝的大脑。注意保护宝宝，不要让他受伤。在床上翻容易摔到床下，可以在地上铺上被褥让宝宝翻，妈妈一定要在旁边保护着，预防磕碰摔伤。

第23个月 … 第2周

推荐游戏：【动脑类】09花的游戏，10箱子是我的家；【运动类】06飞啊，纸飞机

这一时期的宝宝开始试图把拆散的玩具安装上，还会模仿妈妈折纸、做手工。宝宝从“破坏”转到“建设”上来了。宝宝动手能力的提高，使得宝宝已经不满足于玩形状固定的玩具了，玩具已经不是外在的东西了，而是加进了宝宝的创造力。这时，玩具本身所包含着的文化内容，特别容易影响宝宝刚刚形成的精神世界。

所以，生活中的很多东西：花w朵、箱子、纸飞机……都可以变成宝宝的玩具，以增强宝宝的创造力。

第23个月 … 第3周

推荐游戏：【动脑类】01安静下来；【运动类】08两只小白兔，16过马路；【语言类】02换一种说法

到了这个月龄， 有一半的宝宝会使用200～300个词汇，能说出3～5个字组成的句子，多数宝宝会用三个字组合的句子，表达他自己所见所闻或感受，比如“宝宝睡”、“他哭了”等。宝宝开始单一地用语言表达自己的要求，而不再总是借助肢体动作。宝宝学到了足以让他表达日常生活的词句，语言发达的宝宝，还会说出一些能引起父母注意的词汇，赢得父母赞赏。“换一种说法”的游戏通过比较观察，引导宝宝说出近义词，培养宝宝思维的敏捷性，丰富宝宝的语言词汇，游戏中要求宝宝说出近义词，注意给宝宝一些提示。

宝宝慢慢地有了自己的价值指标，当这种价值指标得到或没有得到实现时，就产生情绪了，或高兴、或愤怒。宝宝已经会用语言表达高兴或愤怒了。当孩子因兴奋而无法调适心情时，他们无可奈何地只能以哭丧着脸闹或对妈妈行使暴力来宣泄。此时请妈妈不要直接面对孩子的无理取闹，而应帮助他们安静下来。

第23个月 … 第4周

推荐游戏：【动脑类】16磁铁游戏，18摸摸看就知道了；【语言类】06打扮起来，07在浴池中唱歌

这个月龄的宝宝，感知能力越来越强，注意力能集中10分钟左右。磁铁游戏和摸摸看等游戏都能吸引宝宝的注意和兴趣。

另外，23个月的宝宝，朦胧中可能也知道自己是个男孩或是个女孩，如果宝宝对性别表现出兴趣，想知道自己是男孩还是女孩，以及想知道男孩、女孩的区别时，父母有义务准确、正确、简洁地告诉宝宝，切莫含糊。给宝宝适合的打扮和性别教育，也有助于他正确价值观的建立。

第24个月 … 第1周

推荐游戏：【动脑类】14寻找数字；【运动类】03跨棍子游戏，14钻绳

宝宝能稳稳当当地走路了，不再哈巴哈巴的了，也不再用脚尖踮着走（如果宝宝偶尔脚尖踮着走，是在玩耍）。两条腿之间的缝隙变小了，两只胳膊可以垂在身体两边规律地摆动了。宝宝站在那里，两条腿直溜溜的，真的长大了。有的宝宝已经会一脚上一个台阶，但如果你的宝宝还是一个脚迈上一个台阶，另一个脚也迈上同一个台阶，也不算落后，有的宝宝要到2岁半才能一脚上一个台阶。如果认为宝宝的身体协调性还有待加强，跨棍子和钻绳游戏能对宝宝起到很好的锻炼作用。

第24个月 … 第2周

推荐游戏：【动脑类】04跟着我画，11画我的家人；【运动类】05面纸足球，11气球变羽毛球

宝宝手眼配合越来越好了，只要是宝宝想做的事情，几乎都要尝试着去做，尽管有时显得还比较笨拙，但宝宝不会气馁，坚持把事情做完。宝宝开始凭借自己的想法，画一些有意义的图画，如月亮、太阳、苹果、香蕉。所以，这一时期画图游戏和动手类游戏都能提高宝宝的手眼协调能力，前面和后面介绍的类似游戏父母可以经常跟宝宝玩。

第24个月 … 第3周

推荐游戏：【动脑类】15是什么图案呢，17布偶写生；【运动类】09吹色纸，15玩具旅游

现在的宝宝对物体的颜色形状等都有了进一步的认识，他喜欢猜图案和画图游戏，所以除了本周推荐的游戏，以前介绍的类似游戏也可以根据宝宝的喜好经常重复来玩。

另外，父母还要知道，运动依然是提高宝宝身体素质和大脑活力最好的方法，所以像吹色纸和玩具旅行这样的游戏，能促进脑中多种神经递质的活力，使大脑思维反应更为活跃、敏捷，并通过提高心脑功能，加快血液循环，使大脑享受到更多的氧气和养分，从而达到提升智力的作用。

第24个月 … 第4周

推荐游戏：【动脑类】05娃娃指挥家，13三角铁演奏；【运动类】07旗子倒了；【语言类】08唱出名称

几乎所有的宝宝都对音乐感兴趣，而音乐也是陶冶宝宝情操最好的工具之一，娃娃指挥家和三角铁演奏类的游戏不仅能增强宝宝的乐感和节奏感，还能很好地锻炼宝宝的上肢，让手臂得到锻炼。而“唱出名称”则能发挥宝宝对音乐的创造力，并提高说话能力。

手的动作能力不仅是促进大脑发育的途径，更是宝宝日后独立生活的行为基础，旗子倒了的游戏也是锻炼手臂的非常好的方式，在游戏中想让旗子不要倒的话，需要小心并注意控制手和手臂的力量。同时提醒那些有左撇子宝宝的父母：不要刻意去纠正宝宝的“左撇子”，而需要训练宝宝学着使用右手，让宝宝的左右脑一起开发。

第 3 部分

2~3岁亲子游戏

一、25～27个月游戏与指导

25～27个月智力开发游戏

01 找出“双胞胎”

目标：认识圆形、长方形、正方形、三角形等几何形状，建立图像概念和识别能力。

1.准备画有三角形、方形、圆形等各种形状的卡片。

2.在纸上画一种图形。

3.让孩子找出相同图形的卡片。

4.告诉孩子，这游戏叫做“找双胞胎”。

02 和手偶一起唱歌

目标：提高宝宝感受、辨别、记忆和表达音乐的能力。

1.将手偶套到孩子手上。

2.然后唱歌，最好是孩子熟悉的歌曲。

3.一边唱歌，手偶也一边舞动。

4.跟着音乐节拍晃动手，让唱歌变得更有趣。

03 编故事

目标：提高宝宝的语言能力和想象力。

1.用图画书上的几个句子做基础来编故事，试着编出符合图画情节的有趣故事。

2.让孩子一边看着图画书，一边专注听妈妈说故事；比起现成的故事，妈妈编的故事情节更加有趣、生动。

3.让孩子边看图画书，边帮忙编故事，妈妈并说着："哦，是这样啊！"附和他的话，孩子就能尽情地展开想象的翅膀。

04 少了什么呢

目标：让宝宝掌握事物的特征、区分整体与部分的关系。

1.用蜡笔画出动物，并且故意少画它身上的一部分，像是缺了眼睛、耳朵或缺腿的图画。

2.让孩子看图找出缺少的部分，并补画出来。

05 手影

目标：培养宝宝的空间想象能力。

1.父母用手做成兔子、飞鸟、马头等形状，让宝宝辨识。

2.父母还可以借助一些工具做出一定的动作，如小兔咬耳朵、鸟飞、马吃草、小鸭戏水等，激发宝宝的兴趣。

06 游戏帐篷

目标：培养宝宝的动手能力和自立能力。

1.竖立两根基柱。

2.将帐篷顶罩罩上后，两边固定在地上。

3.把孩子的东西放在帐篷里。

4.以涂鸦方式装饰帐篷内外。

07 贴画

目标：促进宝宝手眼的协调性和动作的准确性。

1.将图画纸分成两半，分别贴画出白天与夜晚的情景。

2.在色纸上画出"太阳、月亮、星星与跑着玩的小孩"后，剪下来。

3.和孩子讨论在白天这一边应该贴上"太阳"、"月亮"，还是"星星"。

4.如果孩子贴好"太阳"，再请他把"跑着玩的小孩"贴在适当的位置上。

5.在夜晚这一边，先将底色、建筑物、道路涂黑之后，请孩子说说看应该贴上“太阳”、“月亮”，还是“星星”。

6.请孩子在夜晚的天空中贴上黄色的月亮与星星。

08 制作风车

目标：锻炼宝宝的对称认知能力。

1.准备一张正方形硬卡纸、胶水、图钉、大头针和筷子。

2.和宝宝一起将正方形的卡纸分别对角折，然后用剪刀沿着对角线剪至三分之二处。再将卡纸的四个角折至中心，并用胶水粘住，然后再用图钉和大头针将风车固定在筷子上。

3.让宝宝拿着风车到处摆动，也可以到户外跑动，风车会随着风转动。

09 积木配对

目标：训练宝宝对颜色、图形、数字的识别和分类能力，锻炼了宝宝手眼配合的能力，促进宝宝整体动作的进一步发展。

1.让孩子试着把同外形的积木放在一起。

2.试着把同颜色的积木放在一起。

3.数数看各有几个。

10 滚呼啦圈

目标：对宝宝的平衡感和调节能力有所发展。

1.像滚铁环一样，让呼啦圈在眼前滚动。

2.刚开始时，握着孩子的手一起做滚动的练习。

3.接下来，妈妈站到另一边，然后把孩子滚过去的呼啦圈朝孩子滚回来。

11 不停倒下的骨牌

目标：提高宝宝观察能力，引导宝宝系统地思考。

1.把积木一一立起来，就像骨牌一样，然后让孩子把它推倒。

2.也可以在较低的地方排，然后滚球把骨牌推倒。

3.还可以让孩子用嘴“呼——”地把骨牌吹倒。

12 用火柴做做看

目标：提高宝宝精细运动能力，开发其创造力。

1.用火柴排出简单的数字。

2.在排数字5之后，再多拿两根火柴，要他排数字8看看，孩子虽然会先苦恼，不过应该还是可以排出来的。

3.也可以利用火柴排出汽车、火车或梯子等图形。

13 手指钢琴游戏

目标：锻炼宝宝手眼配合的能力，促进宝宝精细动作的进一步发展。

1.妈妈将两只手掌整齐地向上伸出来，然后将拇指屈起来，这样就是四指展开的样子啦！

2.先让孩子看看一根根的手指。

3.妈妈的右手食指是“Do”，中指是“Re”，无名指是“Mi”，小指是“Fa”（高音）。

4.妈妈的左手小指是“So”，无名指是“la”，中指是“Xi”，食指是高音“Do”。

5.先让孩子练习从低音“Do”到高音“Do”，唱的时候要碰触妈妈的手指，每碰一根指头就跟着唱其代表的音阶。

6.接着，妈妈跟孩子可以一起创作音乐喔！

14 用汽车画画

目标：培养宝宝的想象力与创造力。

1.把孩子的玩具车轮胎涂上颜料。

2.在图画纸上推动玩具车。

3.这样就跑出玩具车轮胎的痕迹喽！

4.也可以在机器人的脚底涂上颜料来画画喔！

15 问长问短

目标：宝宝在比较线条长短的同时，提升了宝宝的数学能力。

1.在纸上画长短两条线，问孩子哪条长哪条短；大人如有绘画能力可画点燃的一根长蜡烛，一根短蜡烛，问孩子哪根长，哪根短。

2.孩子答对后，把纸旋转90°，再问孩子哪根长哪根短。

3.再转45°、30°，让孩子对长短有深刻比较。

4.让孩子背儿歌：

短与长，量一量，
长的多一点，
短的少一点，
能短能长是弹簧。

16 怎么办

目标：提高宝宝解决问题的能力。

1.教宝宝学习解决问题的办法。例如："饿了怎么办？"宝宝会说："吃饭。""用什么盛饭？""用什么把东西送到嘴里？""用什么削去果皮？""果皮和垃圾都扔到哪里？"

2.把平时的各种问题都留给宝宝自己去"解决"。

17 说说看

目标：提升宝宝的逻辑思维能力。

1.大人有针对性地拿来些日用品，问孩子：杯子是用来喝水的，壶呢？运动鞋在运动时穿，雨鞋什么时候穿？铅笔是写字用，橡皮干什么用？晚上停电用什么照明？夏天穿单衣，冬天穿什么衣？全家谁的头发长？等等。

2.这类问题比比皆是，大人可信口提问，让孩子多开动脑筋，大有好处。

25～27个月运动游戏

01 蹲下跳起

目标：提高身体灵活性，发展宝宝的肢体协调能力。

1.宝宝先蹲下来，双手握住脚踝，把头埋在双腿间，妈妈拍手说儿歌。

2.妈妈用手抚摸宝宝的头，并做点鞭炮的动作。

3.宝宝待妈妈做完动作后，慢慢放松身体，用力向上跳，同时嘴里发出"嘭"的声音。

02 单腿站

目标：增强宝宝腿部力量，可以提高身体的平衡能力。

1.先选择一处较大的活动空间，妈妈做出单腿站立的姿势，还可以用手做出滑稽的动作引起宝宝的兴趣。

2.然后让宝宝学着做，妈妈可以在旁边扶着宝宝的手，让宝宝把一条腿慢慢抬起来离开地面，等宝宝站稳了再轻轻放开宝宝的手。

3.告诉宝宝把双手向前平伸可以帮助身体保持平衡，当宝宝能独立单腿站立5秒的时候，可以让宝宝换腿站立，并为宝宝鼓掌以示鼓励。可以逐渐延长宝宝单腿站立时间。

03 家族体操

目标：提高宝宝的运动能力，并培养其音乐智能。早上是父母和孩子做体操的时间。如果在饭前做的话，孩子的食欲也会变得更好。若能配合音乐效果会更好。

1.先跟着音乐做体操。

2.编排爸爸妈妈和孩子能一起合作完成的体操动作，以孩子能跟着做的动作为主。

3.互相按摩彼此的肩膀、手部和脚部等。

04 反弹接球

目标：锻炼宝宝手眼协调性，促进宝宝肢体协调能力的发展。

1.妈妈宝宝面对面拿球站好。

2.妈妈说："宝宝，看妈妈拍接球了。"妈妈将球拍下，待球反弹时，双手接住。

3.妈妈说："宝宝，来一个。"宝宝学着妈妈的样子，拍球，接住。

05 火车钻洞

目标：练习宝宝跑和钻的动作，提高宝宝的运动能力。

1.在室内横拉一条绳子，高度到宝宝的肩部即可。

2.家长带着宝宝跑，两臂屈肘前后摆动，学开火车的动作。

3.跑到绳前，家长喊："呜——火车要钻山洞了！"然后弯腰钻过绳子继续向前跑。

06 吊单杠

目标：增强宝宝的手部力量，可以提高身体的平衡能力。

1.让孩子举起两手抓住单杠。

2.用手托住孩子的腰，轻巧地帮他吊在单杠上。

3.因为孩子无法长时间支持，所以手要在孩子腰部附近随时待命。

07 纸做的垫脚石

目标：提高宝宝肢体协调能力。

1.将几张画有动物、水果或写着数字的纸散放在地上。

2.在房间里踩着纸走来走去。

3.若有人喊某个图案或数字，其他人就必须跨过画有那个图案的纸。

08 投进垃圾桶

目标： 有利于宝宝手指协调能力的开发。

1.用色纸装饰家中的垃圾桶，分配好“我的”、“妈妈的”、“爸爸的”。

2.将垃圾桶靠墙并排。

3.将废纸揉得像球一样，让孩子站在有点距离的地方投球。

4.比赛看谁的桶先投满。从现在起，即使不特别指导孩子，他也会好好地将垃圾丢进垃圾桶。

09 滚彩球

目标： 训练宝宝的手眼协调能力。

1.准备好几个纯净水塑料空瓶，还有几支水彩笔、几张彩纸、一个皮球、一个空纸盒子。妈妈先在彩纸上写一些数字或汉字，分别放入塑料空瓶中。然后把瓶子按一定距离并排放好，妈妈先做示范，把皮球滚过去撞瓶子。之后妈妈再引导宝宝在离瓶子1米的地方蹲下，滚动皮球，努力把瓶子撞倒。

2.每当宝宝撞倒一个瓶子，妈妈就要让宝宝把撞倒的瓶子中的彩纸取出来打开，让宝宝认一认上面写的数字或汉字。如果宝宝认对了，妈妈要给予奖励；错了，妈妈要耐心把答案告诉宝宝。

10 和爸爸摔跤

目标： 提高身体灵活性，发展宝宝的肢体协调能力。

1.爸爸在腰间绑上布条，并帮孩子也在腰间绑好布条。

2.爸爸可以突然一下子把孩子提起再放下。

3.孩子要将爸爸撂倒时力气会不够，爸爸应顺势而倒。

4.当孩子“撂倒”爸爸时，妈妈作为裁判应鼓掌且欢呼加分。

11 踢足球

目标：发展宝宝的腿部肌肉和身体平衡能力，发展宝宝的肢体协调能力。

1.爸爸站在一侧，双腿稍分开，胯下当作球门。

2.妈妈先拿着球，告诉宝宝训练规则。鼓励宝宝把球踢进“球门”。

3.让宝宝站在爸爸对面，距离为1米，启发宝宝将球踢进“球门”。

4.当宝宝的球进入了“球门”时，妈妈要欢呼，激起宝宝的兴趣。

12 和宝宝一起钓鱼

目标：发展宝宝的手部控制能力。

1.先准备好积木，以及各种颜色的回形针和纸，还有带吸铁石的钓鱼竿。

2.要用各种颜色的纸做成大小不同的“鱼”，在每条“鱼”身上别上回形针，并用积木把“鱼”围起来，引导宝宝让钓鱼竿上的吸铁石碰到“鱼”身上的回形针，把“鱼”钓上来。

3.钓完后，让宝宝数一数自己共钓了几条“鱼”，每种颜色的“鱼”有几条，哪种颜色的鱼最多，哪种颜色的鱼最少。

13 钻桌子

目标：增加宝宝身体的灵活性。

1.利用家中孩子能从底下钻过去的桌子等家具，让孩子钻一钻。

2.开始，孩子目测能力差，难免碰头绊脚，大人可帮一下，别让孩子磕碰着。

25~27个月语言游戏

01 纸杯电话

目标：训练宝宝的听力与表现能力，强化宝宝的注意力。

1.将纸杯底部钻洞后用线连接做成纸杯电话。

2.让孩子把纸杯电话放在耳朵旁，妈妈则模仿动物的声音。

3.让孩子说说看是哪种动物的声音。

4.借由线所传达的妈妈的声音将会充满在孩子耳中。

5.相同的，也请孩子模仿动物的声音给妈妈听。

02 礼貌游戏

目标：帮助宝宝掌握基本的社交规则和礼仪，并通过成人的积极反馈得到巩固和加强。

1.把东西拿给孩子时，教他说："谢谢!"

2.当孩子把东西交回给爸妈时，也向他说："谢谢。"

3.早上起床亲孩子脸颊时，妈妈先问他一声："睡得好吗？"

4.也可教孩子，如："早安"、"拜拜"、"晚安"等用语。

5.父母平常就重视基本的礼仪教育的话，孩子一定能养成正确的礼节习惯。

03 造句

目标：提高宝宝的语言智能。

1.进行游戏：妈妈说出主语的话，孩子就要接动词；反之亦然。

2.妈妈说"小球"，孩子就说"滚过去"。

3.妈妈说"小鸟"，孩子说"飞"。

4.妈妈说"蹦蹦跳"，孩子就说"兔子"。

5.反复进行这个游戏的话，孩子就能渐渐领会主语与动词之间连贯的关系，对孩子发展造句能力有很大的助益。

04 语言的掌握

目标：提高宝宝的语言能力。

1.大人领孩子出去玩，见到他的小伙伴骑一辆新脚踏三轮车。

2.大人应该问："萌萌骑的是新三轮车吗？"孩子要答复："爸爸，他骑的是新三轮车。"

05 练习吐字

目标：训练宝宝吐字清楚，发音准确。

1.反复念下面这首儿歌：

山上一只虎，
林中两只鹿，
圈里三头猪，
草里四只兔，
洞里五只鼠，
让你数一数，
虎鹿猪兔鼠。

2.适当教孩子一些简单的绕口令，可以达到上述目的。

06 悄悄话

目标：说悄悄话有助于宝宝学着去调节声调，这是声音意识的一个重要方面。说悄悄话还能让宝宝集中注意力。

1.和宝宝说些悄悄话，如："咱们看书吧！"

2.让宝宝说悄悄话给你听。

3.不断地互相说悄悄话，直到使宝宝知道怎样将自己的声音调节得很轻柔。

07 说完整话

目标：提升宝宝词汇的丰富性，锻炼其语言反应能力，从而提升宝宝的语言能力。

1.教宝宝学说有主语、谓语和宾语的完整句子。如："我看见妈妈了。""爸爸上班去了。"

2.还可以教宝宝使用一些简单的形容词和副词，如："我要红色的笔。""我最喜欢小狗。"

3.这些形容词要简单、形象，是宝宝在生活中最常见到的。

每天游戏指导

第25个月 … 第1周

推荐游戏：【智力开发类】10滚呼啦圈；【运动类】09滚彩球，11踢足球

走路对宝宝来讲已经不是问题了，他（她）现在能独自上下楼梯，宝宝这时能双脚跳离地面了。他就像一架上足了发条的小坦克，一刻不停地跑来跑去，一会儿爬上椅子再上桌子去拿他喜欢的玩具，一会儿下来踢球，一会儿又在玩积木……他东跑跑，西颠颠，乐此不疲。

对于精力如此旺盛的宝宝来说，运动类的游戏最适合他们，这几个游戏既能让他的体能得以释放，又能让他身体的协调性得到锻炼，可以经常跟宝宝一起玩。

第25个月 … 第2周

推荐游戏：【运动类】05火车钻洞，13钻桌子；【语言类】02礼貌游戏

这个月份的宝宝还很喜欢钻来钻去，他们通过身体对空间的探索开始建立起空间的概念，火车钻洞、钻桌子这样的游戏会让宝宝乐此不疲。

另外，这个年龄段的宝宝情绪已经很稳定了，但常会由于愿望不能满足而大声哭闹。有时宝宝会表现出某种具有攻击性的行为，会打、咬、指挥身边的人，还会产生强烈的逆反心理。父母在他情绪好的时候应该多跟宝宝玩礼貌游戏，并尊重孩子，以身作则，做出良好的示范，让宝宝养成良好的待人接物的行为习惯，使宝宝攻击性减弱。

第25个月 … 第3周

推荐游戏：【智力开发类】02和手偶一起唱歌；【运动类】08投进垃圾桶；【语言类】04语言的掌握

2岁的宝宝一般都能麻利地用勺和碗了，他们的手部肌肉已经非常灵活。在语言方面，宝宝已经掌握了大约200个词，能说5～6个字组成的句子，能完整地背一些儿歌，语言发育快的宝宝掌握的儿歌会更多。

和手偶一起唱歌的游戏能锻炼宝宝的手部肌肉灵活度，也能让他的语言能力得到锻炼；语言掌握的游戏能让宝宝的语言思维更敏捷；投进垃圾桶在锻炼宝宝手部协调性的同时，还能让他养成良好的生活习惯，成为讲卫生懂文明的好孩子。

第25个月 … 第4周

推荐游戏：【智力开发类】01找出双胞胎，09积木配对；【运动类】12和宝宝一起钓鱼

宝宝能一页页地翻书，指出图片中的人物和动物了，能拼2～3块拼图了，能用7、8块积木砌塔了， 找出“双胞胎”、积木配对、钓鱼等游戏能提高宝宝手眼结合、辨识、分类等能力，对宝宝综合能力的培养很有好处。

第26个月 … 第1周

推荐游戏：【智力开发类】06帐篷游戏；【运动类】02单脚站，03家族体操

宝宝现在已经有较强的自我意识，当孩子想拥有自己的空间，也了解要珍惜那个空间时，请帮孩子建造属于他的秘密基地。帐篷游戏既能锻炼宝宝的动手能力，又能让宝宝的独立性建立起来，在孩子心情好或难过时就会到那里去。

宝宝能自如地行走后就要进一步锻炼跑、跳等能力了，这时腿部力量的锻炼很重要。本领越来越大的宝宝现在能单腿做“金鸡独立”了，可以不扶东西单脚站立2秒以上。单腿站可以有效地增强宝宝腿部的力量及身体平衡能力。家族体操让孩子在其乐融融的家庭氛围中使身体各方面得以锻炼。

宝宝的运动智能和心智的培养是紧密联系的。因此父母不能仅仅局限在对宝宝身体的机械训练上，而是要从整体智能发展的角度出发，采用多种适合宝宝的游戏方式进行，只有丰富多彩的形式和其乐融融的互动才能更激发宝宝的热情来参与游戏。

第26个月 … 第2周

推荐游戏：【智力开发类】07贴画，08制作风车；【语言类】01纸杯电话

爱玩拼图的宝宝，现在还可以拼出2～4块图片。宝宝开始喜欢制作。最初的制作是从折纸开始的，然后是用橡皮泥捏各种形状的东西，宝宝可能还会把一块布包在玩具娃娃或玩具小动物身上，给它们“制作衣服”，宝宝开始做“手工艺”了。

这一时期锻炼宝宝的手部力量和反应的敏捷性，多做手工游戏能为宝宝的运动智慧进一步发展打好基础。

第26个月 … 第3周

推荐游戏：【智力开发类】03编故事，17说说看；【语言类】03造句，07说完整话

这个阶段宝宝词汇量快速积累着，每天可记忆20～30个单词，能学会2～3个完整的句子。这个阶段的宝宝已经掌握了近千个词汇，基本上能够用较完整的句子表达自己的意思了。宝宝掌握的词汇，都是与其生活经验密切相关的。在此基础上，还能够掌握一些较为抽象的词汇。先掌握实词中的名词、动词，其次是形容词，后掌握虚词中的连词、介词、助词、语气词。

父母除了多与宝宝玩各种语言类的游戏之外，多与子女交谈，同样能提高孩子的智商，使其变得聪明伶俐。那些常受其父母交谈影响的儿童，在排除了社会经济方面及其他影响因素外，经智商测试显示，在三岁时其智商开发能力明显；而即使只有9个月的幼儿，也能保持有很高的智商优势。

第26个月 … 第4周

推荐游戏：【智力开发类】04少了什么呢，15问长问短；【运动类】06吊单杠

多少、长短、轻重等概念开始建立，逐步能区分部分和整体的关系，少了什么和问长问短的游戏能有意识地帮宝宝建立这样的概念，增强宝宝的理解能力。

而吊单杠的游戏则能锻炼宝宝的手部力量，提高身体的平衡能力。

第27个月 … 第1周

推荐游戏：【智力开发类】05手影；【运动类】01蹲下跳起，07纸做的垫脚石

手影游戏能培养宝宝的空间智能，而空间智能影响着宝宝认识能力的发展。因此，家长及早培养宝宝的空间智能，对其今后智能发展都有着重要意义。

运动方面，现在的宝宝不喜欢走路了，因为走路已经没有挑战了。宝宝能自由地蹲下做事，能够比较快速地从蹲位变成站立位，而不再需要一只手撑地，或两只手扶着膝盖了。已经能够把腰弯得很低而不向前摔倒。根据宝宝的这些特点，可以开发一些比较有意思的游戏给宝宝玩，比如蹲下跳起、纸做的垫脚石等，以前和之后介绍的同类游戏，只要宝宝喜欢都可以接着拿来跟宝宝玩。

第27个月 … 第2周

推荐游戏：【智力开发类】11不停倒下的骨牌，13手指钢琴游戏；【运动类】04反弹接球

2～3岁的宝宝，空间智能的发展要达到目标：这个时期的宝宝对色彩、大小、形状的掌握能力要强，也渐渐具有空间感，懂得利用不同形状的玩具进行堆叠，推垮。这里推荐的几个游戏能满足宝宝动手和空间的探索。

另外，父母带孩子到河边、江边、海边游览，可以引导孩子看看江河上的大桥、水上行驶的船只和两岸的自然风景。回到家里给孩子弄上一盆水和必要的材料，如硬纸、泡沫玩具。让孩子把这些东西放在水里玩起来，孩子一定会玩得很满足。父母还可以在休假时给孩子挖些黄泥来和孩子一起玩泥巴，可以用泥捏成各种小动物、小植物、小玩具等，在玩这些东西时，孩子可以充分发挥他的想象。

第27个月 … 第3周

推荐游戏：【智力开发类】12用火柴做做看,14用汽车画画；【语言类】05练习吐字

这个时候的孩子不会将什么东西都放进嘴巴里，所以火柴或牙签都是很好的玩具。在摆放小火柴的过程当中，不仅可以让手做更细微的动作，在摆放时，还能集中注意力，也能开发创造力。而用玩具汽车画画能开发玩具的另类玩法，让宝宝的想象力得到提升。

语言方面，对于1～3岁宝宝来说，语言智慧主要体现在以下几个方面：喜欢听各种声音，对声音比较敏感；喜欢模仿他人的声音和语言；喜欢讲话，词汇丰富；喜欢阅读各种图片；喜欢听故事和儿歌；喜欢拿笔涂涂画画。宝宝语言智慧的形成主要依赖于后天的教育和练习。培养宝宝语言智慧，还能带动和促进其他智慧的发展，最终使宝宝得到全面发展。因此，家长从小开始注重对宝宝语言智慧的培养十分有必要。

第27个月 … 第4周

推荐游戏：【智力开发类】16怎么办；【运动类】10和爸爸摔跤；【语言类】06悄悄话

宝宝开始有了自我意识和权利意识，开始坚持自己的意见，并主动要求做事。但宝宝往往以任性的形式表现他的进步，让妈妈头痛，给父母“难以管教”的印象。父母要学会理解宝宝，理解宝宝的举止行为，理解宝宝在成长过程中的“异常”，用另一种眼光解读宝宝。

幼儿时期宝宝还会出现高级情感，如同情心、羞愧感、道德感等，成为幼儿社会性行为产生、发展的内部动力和催化剂。但幼儿的高级情感不是随着月龄的增加而自然拥有的，在很大程度上需要父母的引导与培养。怎么办和悄悄话等游戏能让宝宝不再从自身出发看问题，让宝宝学会思考和倾听。和爸爸摔跤则能在运动的同时提高亲子间的亲密度，有助于建立融洽的亲子关系。

二、28～30个月游戏与指导

28～30个月智力开发游戏

01 开火车

目标：提高宝宝的空间认知能力和数学能力。

1.在三个空鞋盒上按顺序写上1、2、3，并将三个盒子连结在一起，形成一列火车。

2.然后让宝宝取三个玩具动物，假装小动物们正在排队等待上火车。

3.让宝宝看清，哪个小动物排第一，哪个小动物在中间，哪个小动物排在最后。

4.当火车开过来时，让宝宝将动物放在所对应的车厢中，火车开走。

02 配对

目标：培养宝宝的观察和分析能力。

1.从已经熟认的物品和图片开始，先找出2～3种完全一样的用品或玩具，如两个一样的瓶子、一样的积木、一样的杯子乱放在桌上。

2.妈妈取出其中两个一样的东西摆在一起，说："这两个一样"，鼓励宝宝找出第二对和第三对。

3.再找出以前学习认物的图片，先选择3对乱放在桌上，请宝宝学习配对。

4.以后一面学习新的物品和图片一面作配对，渐渐增加要配对的图片，使宝宝能从10、12、14、16、18、20张当中将图片完全配成对子。

03 按颜色分类

目标： 巩固宝宝对颜色的记忆能力，提升宝宝的视觉记忆能力。

1.父母准备8张正方形彩色卡片（红、绿、黄、蓝色各两张），将卡片平放在桌子上，使每张都能看得见。不必按正常的顺序摆放。

2.父母拿出一张红色的正方形卡片，问宝宝："这张是什么颜色？"

3.待宝宝回答后，再问他："能指出另外一张红色的卡片吗？"

4.宝宝指出来以后，再让宝宝把两张红色正方形卡片都放在一起。

5.对四种颜色的正方形卡片都重复一次以上的玩法，然后再将8张卡片混合起来，问宝宝："能将相同颜色的卡片一对一对地摆好吗？"

04 谁会飞

目标： 提高宝宝将事物进行分类的意识，促进智力发展。

1.找一些画有动物的图片，让宝宝指出哪几种动物会飞，并说出动物的名称和飞翔的特点。

2.再找一些画有交通工具的图片，让宝宝指出哪几种会飞，并说出其名称。

3.最后再让宝宝自己想想他知道的东西中还有什么东西会飞，比如，人坐在飞机上也会飞，球被踢起来也会飞，等等。

05 说动词

目标： 让宝宝理解语言与动作的关系。

1.和宝宝一起玩猜动作的游戏。

2.你做各种动作，如举手、踏脚、踢、跑、跳、背、推、拉等，每做一个动作，让宝宝说出你在干什么。

3.然后你可与宝宝调换角色，他做动作你来猜。

06 童话中的主角

目标：开发孩子的创造力和表现能力。

1.可以问孩子："很久很久以前，有一只兔子，它因为要跟朋友见面而出门——它是怎么跳的啊？"

2.孩子会蹦蹦跳跳地跳着，然后回答："蹦蹦跳跳地跳着喔！"

3.孩子回答之后，妈妈就可以继续讲故事了！

07 拼图游戏

目标：发展宝宝的观察、注意、思维等能力。

1.搜集旧贺年卡3～4张，选宝宝熟悉的动物图片，不但了解其名称，还要熟悉各部位的名称。如大象图片要熟悉它的头、鼻子、腿、身体、尾巴等。

2.用硬纸贴在背面使图片加厚。在图中将主要人物或物品的重要部位切开，使图卡分成2、3、4片不等。

3.先取分成两片的图卡让宝宝试拼，如果不会可以示范一次。宝宝自己试拼切分成3～4片的图卡。

4.最后将所有碎片完全混合，让宝宝独立将每一种图片拼好。

08 水杯木琴

目标：提高辨别声音高低的能力，从而发展宝宝的音乐智能。

1.准备几个玻璃杯，各注入不同量的水。

2.用竹筷敲敲看，会发出非常优美的声音喔！让孩子仔细听听看。

3.也可以配合孩子熟悉的歌曲来敲水杯。

09 画方形

目标：锻炼宝宝手的灵活性，提高宝宝的认知能力。

1.在宝宝会画“十”字的基础上，同宝宝一起学画方形，用方形来画各种有趣的图画，如旗子、车站路标、汽车等等。

2.让宝宝画出一个直角，不是圆角。

3.宝宝学会画“十”字和方形后就可以学写方形的简单汉字了，如口、日、白、田、只、右、石等。

10 找找另一半

目标：锻炼宝宝的记忆能力。

1.将画有动物的图片剪成两半，可以使用影印的图。

2.不要只是以直线的方式把图剪开，可以剪成多种不同的形状。

3.让孩子把剪成两半的图片拼拼看，看看原来是什么动物。

4.将图画沿着剪下的线贴起来，就恢复原来完整的图喽！

11 秤的游戏

目标：培养宝宝的认知能力，激发宝宝的想象力。

1.准备密度和重量不同的物品及秤。

2.在称重量之前，先让孩子说说看，这个东西有多重。

3.接下来，就直接测量重量。

4.把东西放上去时，会看到秤的指针在跳舞喔！

5.指导孩子看指针的方法。

12 图画记忆

目标：锻炼宝宝的视觉记忆能力。

1.让孩子仔细地看图画书中的一页一会儿。

2.合上书后，让孩子说明里面的内容。

3.可以说画面中的颜色、角色的动作，还有背景喔！

4.第一次，孩子也许无法将内容说得很好，但是时常练习的话，孩子的记忆力会增强，观察力也会变好。

13 散步

目标：促进宝宝嗅觉、视觉、听觉、味觉、触觉等感觉统合的发育，有助于宝宝身心健康地发展。

1.秋天的午后，漫步于满是枫叶的小路，景色和气味随心情而变换。

2.静静地倾听踩着枫叶所发出的声音。

3.将形形色色的枫叶当成有颜色的星星带回家。

4.闻一闻枫叶的气味，可以感觉到树木的呼吸。

5.抓起一把枫叶，往空中抛撒。

6.玩“剪刀、石头、布”的游戏，赢的人可以拿走枫叶，看看谁是最后的赢家。

14 扣衣扣

目标：培养宝宝手的控制力和生活自理能力。

1.当孩子能配合大人给他穿衣服时，前边的扣子就让他自己扣。

2.大人先做示范，把扣的方法教会他，同时给他讲下面的故事，引进童话的世界。

3.大人讲：扣眼又叫扣门，是一道门，小扣子长得太胖了，想走进这道门，就是挤不进去，让宝宝帮帮它吧，先把门打开，让小扣子侧着身挤进去。这小胖扣子呀就走进扣门了。下次小胖扣子再进门时就让小宝宝帮助吧。小扣子一定会说：“小宝宝，谢谢你。”

15 包装礼物

目标：锻炼宝宝手指的灵活性，促进孩子脑力开发。

1.给孩子看包装得很漂亮的礼盒，引起孩子的好奇。

2.对孩子说：“一起来包装礼物吧!”游戏开始喽!

3.孩子剪好纸张后，妈妈协助孩子，让他能将包装纸覆盖在箱子上，并做折叠的动作。

4.妈妈先在纸上留下折痕，也可以帮助孩子喔!

5.让孩子用胶带将包装纸的开口处一一粘贴固定。

6.让孩子将装糖的纸盒包好，送给好朋友当作礼物。

28～30个月运动游戏

01 箱子是涂鸦板

目标： 促进宝宝大肌肉群的发育，促进运动智能的发展。

1.在盒子或箱子外面贴上图画纸。

2.让孩子在上面写认识的字或画图。

3.孩子在玩箱子和涂鸦时，会让孩子再看见自己写的字和自己画的图喔！

4.做出几个像这样的箱子，还可以搭积木呢！

02 盖房子

目标： 锻炼宝宝的空间想象力和动手能力。

1.和宝宝坐在地上，再放些可拼搭的积木。

2.用3～4块积木搭一个简单的建筑物。

3.如果宝宝还没有开始自己搭东西，鼓励跟你学着做。

4.如果宝宝对于搭建更为复杂的建筑物感兴趣，放手让宝宝去做。

5.在宝宝搭的建筑物上放些塑料动物和小人。

03 妈妈念，我翻页

目标： 训练孩子手指的灵活度。

1.妈妈读童话书给孩子听。

2.读完一页后，给孩子必须翻页的信号，如：发出像“呼啦”或“叮咚”等有趣的声音。

3.孩子不仅享受着听故事的愉快，还会沉浸于翻页的趣味当中。

04 海滩球游戏

目标： 提高宝宝综合运动能力。

1.和爸爸一起玩“将球往脑后丢”的游戏。

2.往头部丢，球“咚”一声弹开后，因为不知道球到哪儿去了，感觉很好玩；可让孩子再丢一次。

3.往地上用力丢，让球弹开后超过孩子的头部，孩子会为了抓住球而蹦蹦跳跳。

05 抓大拇指游戏

目标：锻炼宝宝与妈妈动作配合协调能力，也是训练宝宝对他人行为作出回应的能力。

1.双方左手的手指互勾。

2.这是一种移动大拇指，并且将大拇指压在对方大拇指上的游戏。

3.每当移动手时，连身体也不知不觉地跟着移动。

06 扔沙包

目标：训练身体平衡力和运动能力。

1.给孩子做几个沙包，在距离3米处画一直径30～50厘米的圆圈，脚下画一直线，在直线后面让孩子向圈里扔。

2.也可设一纸箱，让孩子向纸箱里扔。扔进去要表扬鼓励。

3.大人还可参与，和孩子比赛，这样可增加孩子兴趣，玩的时间长一些。

4.还可多做几个沙包，邀请几个小伙伴一起玩就更好了。

07 上攀登架

目标：锻炼宝宝用双臂支撑自己的体重。

1.准备一个三层的儿童攀登架，每层之间距离约为12厘米。家中也可以利用废板材或三个高度相差10～12厘米的大纸箱，两面靠墙，制成攀登架。

2.把攀登架固定好后，父母引导宝宝先用上肢攀着上面的支架，再倒脚上架，攀到架子的顶上。妈妈要告诉宝宝攀登如何用力，如攀登时手脚要同时用力支撑体重，要利用胳膊的力量向上攀登。当宝宝攀登到顶上后，由妈妈帮助宝宝转身，再从上面攀爬下来。

3.刚开始的时候，宝宝可能会因为恐惧而不敢攀爬，妈妈可以先让宝宝爬上一个纸箱，等克服了恐惧以后，再接着攀爬。

4.宝宝能熟练攀爬后，妈妈可以和宝宝进行攀爬比赛，看谁先爬上去。

08 装扑克牌

目标：发展宝宝手部动作的协调性和灵活性。

1.备两个牛皮纸信封，剪去封口纸，跟孩子说："咱们给姥姥寄扑克牌，你寄10张，我寄10张，现在我们把扑克牌装进信封里。"

2.给孩子10张扑克牌。先让孩子看大人怎么装，如把信封平放在桌子上，一只手掀开信封口，另一只手拿扑克牌往里装。

3.或一只拿着信封(切记手指头不能挡住信封口)，另一只手装。

28～30个月语言游戏

01 发餐具

目标：培养宝宝的语言及观察能力，提高宝宝的表达能力。

1.用餐前，让宝宝来完成分餐具的工作。

2.教宝宝一边分餐具一边说："这是爸爸的一只碗。""这是妈妈的一只碗。""这是宝宝的一只小碗。""这是爸爸的一双筷子""这是……"

02 词语接龙

目标：提升词汇的丰富性，锻炼其语言反应能力，从而提升宝宝的语言能力。

1.告诉宝宝训练规则。就是用前一个词的后一字做为下一词的前一字。如果宝宝还不能完全理解，要给予示范。

2.父母说一个词，引导宝宝接着末字再说一个词，如“上学—学校—校长—长大……”看看宝宝能说多长。

03 小小故事家

目标：培养宝宝的语言表达能力与会话能力。

1.准备宝宝喜欢的图画书、各种颜色的碎布块、马克笔、胶水、剪刀，以及黑板；从图画书中选取要制作的角色，用碎布剪出这些角色的图案；再用马克笔画上角色的细节部分，如眼睛、嘴等。

2.然后妈妈和宝宝面对着黑板坐下，把做好的角色贴到板子上。妈妈可以用手拨动角色，使其形象更生动。

3.引导宝宝尝试说出这个故事。宝宝讲出来后，妈妈要赞扬宝宝。

04 倒着说词语

目标：锻炼宝宝语言思维的敏捷性。

1.准备一些宝宝熟悉的玩具，如玩具汽车、玩具手枪、积木、皮球等。

2.妈妈拿出玩具，对宝宝说：“今天我们做一个游戏，看看谁说得对。”妈妈先让宝宝依次说出玩具的名称，然后，妈妈说出玩具的名称，一个顺着说，一个倒着说，交替进行，让宝宝判断对错。如“皮球”，妈妈说成“球皮”，让宝宝纠正妈妈。

3.妈妈引导宝宝也顺着说和倒着说交替进行，让妈妈判断对错。

05 看图讲故事

目标：引导宝宝说话，促进宝宝语言交流的能力。

1.先让孩子看图，大人问：“那个姐姐在干什么？”“拾到东西交给警察叔叔。”

2.“她应该和警察叔叔怎么说？”“叔叔，我拾到了一个钱包，交给您。”

3.“警察叔叔怎么说？”“谢谢，你真是好孩子。”

每天游戏指导

第28个月 … 第1周

推荐游戏：【智力开发类】11秤的游戏；【运动类】07上攀登架

宝宝已经具备了对轻重的感知能力，但是如果能让宝宝清楚地看到物体的具体分量，还是会让宝宝非常兴奋，秤的游戏能满足宝宝的这一求知欲。

现在的宝宝能用脚尖比较自如地在一条线上走，拐弯的时候还能保持平衡不摔倒。许多宝宝或许早就能自己双脚跳，单脚跳了。宝宝足部运动能力越来越强，喜欢用脚做事。上攀登架不仅能锻炼宝宝的足部和双臂，还能增加宝宝的胆量。宝宝在攀爬时，不知不觉就会用单一肢体支撑体重，或利用一个肢体的攀登使身体跳跃到某个高度，同时练习了保持身体的平衡，提高了肢体的协调性。

第28个月 … 第2周

推荐游戏：【智力开发类】09画方形；【运动类】02盖房子

宝宝用笔涂鸦的能力大大增强，不再是胡乱画，似乎有些得心应手了。想画一条直线就真的能够实现了，而且还能连续画几条相互平行的直线，当然是弯弯曲曲的，这已经是不小的进步了。画方形的游戏能够让孩子的绘画技能进一步提高。

宝宝能够用积木搭建桥梁，会把两块积木拉开距离，然后用第三块积木搭在两块积木上边，构成一个桥型。盖房子这样的游戏自然会得到宝宝的偏爱。

第28个月 … 第3周

推荐游戏：【智力开发类】08水杯木琴；【运动类】03妈妈念，我翻页；【语言类】04倒着说词语

宝宝已经2岁多了，会说一些简单的短句，但有时发音还不准，常会把“哥哥”说成“得得”，把“知道”说“鸡道” 。这是正常现象，父母不必着急、紧张，千万不要取笑宝宝，也不要生硬地批评宝宝的发音错误，可以选择了一些儿歌，慢慢地教给宝宝，帮助他（她）正确发音。还可以玩一些语言类的游戏来提高宝宝的语言智能。

第28个月 … 第4周

推荐游戏：【智力开发类】04谁会飞，12图画记忆；【语言类】05看图讲故事

这个时期的宝宝很爱提问，这不仅能反映出他思维发展的进程，更重要的是表明他好观察、善于捕捉周围环境中新异的事物或现象。而且，一般来说，爱提问的宝宝总比不爱提问的宝宝学得更多一些。宝宝的一切思维从提问开始，让宝宝有更多的机会接触各种新鲜事物和环境，能激发宝宝探索的兴趣，引发疑问。父母在这时可以有意识地提出问题让宝宝回答和解决，将有利于宝宝积极开动脑筋，发展思维。

第29个月 … 第1周

推荐游戏：【智力开发类】13散步；【运动类】01箱子是涂鸦板

现在你的宝宝快2岁半了，家里已经不能满足宝宝的活动范围，他非常渴望外出，只要听到出门的指令，宝宝就会极其兴奋。有时你带宝宝外出，宝宝会要求走马路牙，这是训练他（她）平衡能力的好机会，大多数宝宝已经能拉着妈妈的手在马路牙上自由行走了。另外，大自然是增长孩子知识，开发孩子智力的好课堂。对每个年龄阶段的孩子来说，大自然中都有取之不尽、用之不竭的丰富知识。家长要根据孩子的年龄和心理特点，同时结合季节的变化，因地制宜地带孩子走进大自然。

这个时期的宝宝正处于第一反抗期，他们经常和父母唱反调，父母若坚持要求宝宝服从，往往会弄得双方都不愉快。对于喜欢和父母对着干的宝宝，与其强制他听你的话，做个乖孩子，不如给他有限制的自由，比如他喜欢玩水就给他穿个防水罩衣；喜欢到处乱画，那就给他提供更有意思的涂鸦场所，让叛逆和反抗变成创造力和想象力。

第29个月 … 第2周

推荐游戏：【智力开发类】15包装礼物；【运动类】08装扑克牌

宝宝用剪刀剪纸的能力有所提高。在纸上画一条线，宝宝可能会沿着线把纸剪开，当然不会严丝合缝的。很早就练习使用剪刀的宝宝，妈妈要给宝宝准备一些可以剪的材料，让宝宝充分发挥剪的欲望。能熟练使用工具说明手部肌肉变得更加灵活。

现在可以跟宝宝玩一些手工类的游戏，比如包装礼物、装扑克等都会受到他的欢迎，当然之前推荐过的手工游戏依然可以跟宝宝一玩再玩。不要怕重复，宝宝本身就很喜欢重复做自己喜欢的事情，他们也正是在不断地重复中便自己的各种技能从生疏到驾轻就熟的。

第29个月 … 第3周

推荐游戏：【智力开发类】05说动词；【语言类】02词语接龙

这一阶段，宝宝月平均新增词汇200个左右，多数宝宝掌握了100～200个口头用语，半数宝宝掌握了400～500个左右的口头用语，多数宝宝词汇量可达100～700个左右，半数宝宝能够说出包含7个字以上的句子。

说动词和词语接龙的游戏能让宝宝的词汇量进一步提升。而且许多训练都可以用“接龙”的方式，如“绘画接龙”：一个主题大家接力画；“数字接龙”：1—3—5……“故事接龙”：从前有一个猎人……“动物接龙”：四只脚的如狮子—老虎—大象……空中飞的如老鹰—鸽子……

第29个月 … 第4周

推荐游戏：【智力开发类】01开火车；【运动类】06扔沙包

到29个月末时，有些宝宝已经可以说出6种以上的交通工具，还可以指出它们的用途，如飞机是在天上飞、轮船是在海里行等等。开火车的游戏一定会让宝宝非常开心，除此之外父母还可以跟宝宝玩开汽车、开飞机、开轮船等游戏，满足宝宝对“驾驶事业”的热爱。

宝宝开始有了和小朋友一起玩的意愿，但还不能主动找小朋友一起玩。一起玩时，缺乏合作精神，还不能感受到一起玩的乐趣。父母可以通过扔沙包这样的游戏创造宝宝跟小朋友一起玩的机会，让宝宝逐渐学会和别人的宝宝交朋友。这时他也就会慢慢大方起来，因为这时候他会感觉到大家一起玩玩具才更有趣，更快乐。

第30个月 … 第1周

推荐游戏：【智力开发类】03按颜色分类，07拼图游戏；【运动类】04海滩球游戏

宝宝是按颜色、形状、大小来区分周围的物品的，颜色是上面三种属性中最容易辨认的一种，因此分类训练最好从颜色开始。首先要求宝宝辨别明显不同的颜色，对于颜色的深浅和光泽的细微差别的区分要在年龄大一些的时候开始。海滩球很轻且颜色很漂亮，是适合让孩子玩的球，除了按颜色分类和拼图游戏，父母也可以经常和宝宝玩沙滩球游戏，除了能提高运动能力，还能提高对色彩的认知。

第30个月 … 第2周

推荐游戏：【智力开发类】14扣衣扣；【运动类】05抓大拇指游戏

宝宝已经可以穿脱简单的开领衣服，可以解开衣服上的按扣，还会开合末端封闭的拉锁。扣衣扣的游戏会得到宝宝的青睐。另外，抓大拇指之类的游戏也能锻炼宝宝手指的灵活性和反应能力，类似的游戏父母可以从书中找到跟宝宝一起玩起来！

第30个月 … 第3周

推荐游戏：【智力开发类】02配对，10找找另一半；【语言类】01发餐具

2岁多的宝宝可以玩“很复杂”的配对游戏了，看到他组装出来的图形，不由人不赞叹他那丰富的想象力和创造力。配对和找找另一半的游戏能够培养宝宝的观察和分析能力，对想象力和创造力的开发也有莫大的好处。

如果宝宝哪天突然说“妈妈给我一块饼干”，“给我两个苹果”，那么它所反映的不仅仅是宝宝对数的理解，还有对物品“单位”的理解。宝宝还不会使用量词，“送妈妈一朵花”会说成“送妈妈一张花”。但宝宝在努力着，学习着。发餐具这样的日常游戏能帮助宝宝更好的认识餐具的各种“单位”，提高观察和表达能力。

第30个月 … 第4周

推荐游戏：【智力开发类】06童话中的主角；【语言类】03小小故事家

宝宝喜欢反复听一个故事，读一本书，这么大的宝宝都有这个阅读特点。其实它跟故事多有趣没有太大关系，宝宝更喜欢依偎在妈妈怀里听妈妈讲故事的感觉。家长可以根据宝宝的阅读特点，让他去表演自己熟悉和喜欢的故事，引导孩子去讲自己喜欢的故事，成为小明星和小小故事家。

另外，父母给孩子购书时应注意：图画书的画面应制作精良；书的内容对孩子来说不应是完全陌生的；在孩子生活环境变化之前，为孩子选择有针对性的读物；买书的时候，最好带着孩子一起去，并告诉孩子：“你书架上的书就是从这里买的”。培养孩子对书店的好感。

三、31~33个月游戏与指导

31～33个月智力开发游戏

01 分解、组合玩具

目标：培养宝宝的观察思考能力和动手能力。

1.将容易分解的玩具从外层一个一个地把它拆开来。

2.将拆开来的零件散放在地上。

3.如果是汽车的外层，就教孩子认识车轮、窗子、门等各个部分的名称。

4.在孩子面前重新组合玩具，简单的部分可让孩子直接做做看。

02 识蔬菜专家

目标：培养宝宝的认知能力。

1.做饭时，和宝宝一起认识今天所吃的各

2.告诉宝宝它们的名称以及颜色、形状等

3.然后拿起一种给宝宝介绍过的蔬菜问他："这种蔬菜叫什么名字？它是什么颜色的？一共有几棵？是什么形状的？"

4.在吃饭的时候让宝宝说一说，这几道菜中，都有什么蔬菜。

03 认识味道

目标：让宝宝品尝、分辨不同食物的味道，丰富宝宝的味觉经验，提升宝宝的感觉智能。

1.准备各种切好的水果。

2.妈妈遮上眼睛之后，让孩子把水果放进妈妈的嘴里，猜猜看自己吃的是哪一种水果。

3.换孩子遮上眼睛，让他吃食物或水果，然后让他说说看是什么味道和食物名称。

4.解下遮布，让孩子睁开眼睛看看对不对。

04 小兔子乖乖

目标：提高宝宝的警惕性，加强安全意识教育。

1.准备一块场地，妈妈教宝宝唱《小兔子乖乖》的歌谣，同时让宝宝了解故事情节。

2.宝宝装扮成兔宝宝，妈妈扮作兔妈妈去采蘑菇，和宝宝说“再见”。

3.爸爸装扮成大灰狼，捏着嗓子说：“小兔子乖乖，把门儿开开，我是妈妈。”

4.宝宝说：“是妈妈回来了！”跑去“开门”。

5.“大灰狼”一进门，就把兔宝宝“吃”了。

6.再进行第二遍，宝宝就说：“你不是妈妈，不给你开门。”

05 剪个苹果吃

目标：锻炼宝宝的动手能力。

1.妈妈问：“宝宝，想吃大苹果吗？”答：“想吃。”“妈妈剪一个大红苹果给宝宝吃。”

2.把正方形红纸对折，用铅笔画半个苹果，用剪刀剪下，打开来就是一个剪纸苹果。

3.“大苹果有了，给宝宝吃。”让孩子假装吃，“妈妈也尝尝。”妈妈也假装吃。

4.“妈妈还想吃个更大的苹果，宝宝给妈妈剪一个吧。”大人在旁边指导，并教会孩子如何用剪刀。

06 影子游戏

目标：通过游戏，宝宝不仅对光与影的因果关系有了初步的思考，还增长了自然知识，提高语言表达能力。

1.让孩子站在靠近墙壁的地方。

2.关掉电灯，并在稍微有一点距离的地方开一盏小灯。

3.孩子移动身体时，就会看到跟着自己移动的影子。

4.妈妈一边移动着手一边做出影子，让孩子跟着做做看。

5.让孩子自由做出各种模样的影子看看。

07 布偶剧游戏

目标：提高宝宝语言智能，开发宝宝的想象力。当孩子陷入自己所听到、讲到的故事里，可能会创造出完全不同的故事喔！

1.把孩子常常听到而且熟悉的故事编成布偶剧。

2.利用布偶和色纸做成的道具演戏。

3.妈妈和孩子互相一问一答，把故事大体串联起来。

4.让孩子可以随心所欲地发挥想象力。

08 吹笛子

目标：提高宝宝的听觉能力。

1.给孩子买一支会发出声音的笛子当作礼物。

2.妈妈先示范一遍之后，也让孩子吹出“呼”看看。

3.让他吹又大又长的声音来。

4.让孩子配合着节奏吹出“呼、呼、呼、呼”。

5.让孩子感受用手指压住和不压住笛孔时，笛子所发出的声音有何不同。

09 制作缆车

目标：提高宝宝的动手能力。

1.将两张椅子用塑料绳连结起来。

2.分别将箱子的4个角穿洞，并用线捆起来，再把4根线合成一条线，并在上面绑一个钢丝环，缆车就完成了。

3.将环口挂在塑料绳上，移动缆车看看。

4.妈妈和孩子把棋子、饮料瓶、积木之类的东西装进缆车里，从一边运送到另一边。

10 花绳游戏

目标：提高宝宝手的灵活性和准确性，激发宝宝的想象力。

1.爸爸和妈妈先示范给孩子看，他便可很快地跟上。

2.让孩子也和妈妈一样编编看。会有意想不到的样子出现喔！

11 什么东西没有了

目标：发展宝宝的记忆力和对应能力。

1.在桌子上放两件玩具，然后悄悄拿走一件，问孩子没了什么。

2.练习几遍后，再放上三四件，再趁孩子不注意时拿走1～2件，再问孩子没有了什么。

3.最后再多放一些，让孩子看好后，蒙上孩子眼睛拿走1～2件，解下蒙布再问孩子没了什么。

4.经常反复地练习，要鼓励表扬，引起宝宝兴趣。

31～33个月运动游戏

01 打滚

目标： 培养宝宝的肢体协调能力。

1.大人先示范一遍。

2.让孩子从仰卧开始，向左或向右翻滚，大人一边可以逗趣地说："轱辘轱辘圈，轱辘轱辘圈。"

3.或者说："小狗小狗滚一个，小狗小狗滚一个。"

4.孩子自然打起滚来。

02 模仿

目标： 锻炼孩子模仿能力以及五官、手脚的反应能力。

1.妈妈和孩子相对坐好，大人对孩子说："会学妈妈吗？"

2.于是妈妈做什么动作，孩子跟着学做什么动作。如妈妈闭上右眼，孩子也跟着闭上右眼；大人举起右臂，孩子也举起右臂，等等。

3.然后反过来，妈妈学孩子的动作。

4.这时孩子会想，做什么动作让妈妈学呢？他必然要回忆刚才妈妈都做过什么，他也做什么。

03 钓鱼

目标： 锻炼宝宝的手眼协调性，提高宝宝的肢体协调能力。

1.准备10个空的易拉罐，外面贴上1～10的数字，当做鱼。

2.用一根线，一端系上一根铁钉（线系在铁钉中间），当做钓竿。

3.让宝宝提着线的一头，将带有铁钉的一头下垂并放进易拉罐的小口中，然后提起，钓鱼成功。

4.看一看宝宝钓上的是几号鱼。

5.也可用别的物品设计成鱼和钓具。

04 学青蛙跳跳

目标：锻炼宝宝的跳跃技巧，促进宝宝对空间方位的认知。可让宝宝多胜几次，给他自信。

1.户外游戏时，在地上用粉笔画几个圆圈。

2.你和宝宝，一起扮成小青蛙，双脚着地，蹲下后再向上和向前跳，从一个圆圈跳到另一个圆圈里。

3.学会双脚跳后，你和宝宝玩追逐跳，你在前面跳，让宝宝在后面追你跳。

05 夹腿跳

目标：培养宝宝的身体平衡能力，提高宝宝的肢体协调能力。

1.让孩子双腿间夹一个乒乓球，平地起跳，球不能掉下来。

2.逐渐换成大一点的皮球，跳熟后，再跳离地高10厘米的皮筋。

3.让孩子背会这首儿歌：

跳一跳，跳一跳，
夹的球儿不能掉，
小花狗，看着我，
一声一声汪汪叫。

06 保龄球游戏

目标：培养孩子的空间感觉和控制方向的能力。

1.把牛奶瓶、饮料瓶放在地上后，让孩子把球丢出去打倒瓶子。

2.让孩子从近的地方开始丢球，再渐渐从较远的地方丢。

3.让孩子数数看，自己打倒了几个瓶子。

07 晨跑

目标： 提高宝宝的运动智能，训练肺活量，并增进食欲。

1.每天一大清早，全家一起出去散步。

2.随后，以愉悦的心情慢跑。

3.问：“是谁跑得比较快呀？”和孩子一起边笑边跑。

08 扔飞盘

目标： 训练宝宝的奔跑能力以及动作的敏捷性。

1.在公园的草地上玩“扔丢飞盘或回旋棒”的游戏。

2.让孩子追着飞盘跑。

3.如果变换飞盘的方向，孩子也会跟着飞盘跑去。

4.让孩子也扔飞盘看看。对孩子来说，扔飞盘并不是那么容易，可先做示范，再慢慢地教他要领。

31～33个月语言游戏

01 找找看隐藏的字

目标： 提高宝宝的语言能力。

1.分别将图卡和字卡翻开放着。

2.把有图画的那一面朝上放着，字卡朝下放着。

3.将字卡一张一张地翻过来。

4.问孩子：“苹果在哪里呢？”让孩子找找图卡和字卡。

02 传达游戏

目标：提高宝宝的听觉记忆和语言能力。

1.这是一个妈妈传达给孩子、孩子传达给爸爸的游戏。

2.贴在对方的耳朵，低声说着语词或句子。

3.也可让孩子先开始造句子。

4.确定看看话传达得好不好。

03 童谣创作

目标：提供宝宝有创意的联想机会，提升语言表达的能力。

1.在训练前，爸爸妈妈可以跟宝宝分享一些童谣或是童诗，并请宝宝为自己的童谣想一个主题，如下雨天。

2.鼓励宝宝想一想，和雨天相关的事情，如大雨、小雨、青蛙叫、呱呱声等。

3.协助宝宝将所联想的事物联结起来，并大声朗诵出来。这样就完成了一个属于宝宝自创的童谣了。

04 说名词

目标：丰富词汇，提升宝宝的语言能力。

1.大人要求孩子每当听到大人所说的东西时，如果是食物就要拍一下手。

2.反过来，要求孩子说出10种以上的东西，说到能吃的东西大人也拍一下手。

3.如布娃娃、小汽车、苹果、筷子、小勺、巧克力、鞋子、帽子、牛奶、豆腐、手套、笔、书、桃子……

05 语言游戏

目标：锻炼语言表达能力，培养想象力。

1.让孩子代替玩具说话。大人说："我给小狗一块骨头，小狗怎么说？"孩子想想后，应该说："谢谢你，我最爱吃骨头啦。"

2.大人说："小山羊想妈妈吗？"让孩子代替小山羊说："我可想妈妈啦。"大人说："你

的玩具小汽车怎么没有了。”

3.这问题可发挥孩子想象力，可以让他任意发挥。比如说：“小汽车拉着小白兔旅游去啦。”或者说：“小汽车找妈妈去啦。”只要句子完整都可以。

06 听听是什么声音

目标：提高宝宝的听觉记忆能力。

1.和宝宝面对面坐好，闭上眼睛，静静地听一下周围的声音。

2.请宝宝说出这是什么声音，是从什么地方发出来的，为什么。

3.静听前，你可预设一下水龙头的滴水声，厨房烧开水的声音，抽油烟机声等。

07 绒布玩具

目标：培养语言表达能力与会话能力。

1.利用家中的绒布玩具，编短故事讲给宝宝听。

2.讲完后，让宝宝和你一起拿绒布玩具玩角色游戏。

3.例如，你扮小狗，问：“小猫，你早！你早晨吃了什么了？”小猫（宝宝）答：“小狗，你早！早晨我吃了面包，喝了牛奶。”

每天游戏指导

第31个月 … 第1周

推荐游戏：【运动类】04学青蛙跳，05夹腿跳

虽然各个孩子差距较大，但所有的孩子在此时都可以双脚离地跳来跳去，能从椅子或比椅子更高些的地方往下跳。这段时期的宝宝从会走发展到会跳、会跑，接触外界环境相对增多，尤其以跳跃等运动为最佳。跳跃运动之所以如此富有魅力，主要得益于跳跃过程中产生的振动。

医学研究表明，人的生命与健康离不开振动。因为人体本身就是由一系列振动系统构成的，如胃的收缩、肠的蠕动、心脏的搏动、肺的呼吸吐纳等。如果宝宝常做跳跃运动，将这种外源性振动与内源性振动结合起来，健身与健脑的效果会更加突出。青蛙跳、夹腿跳这样的运动类游戏能对宝宝起到很好的锻炼作用。

第31个月 … 第2周

推荐游戏：【智力开发类】03认识味道；【语言类】06听听什么声音

宝宝对事物的认知能力越来越强，能够将事物的属性和事物本身联系起来，这时候就可以将宝宝的双眼蒙上，让他用其他感知来判断事物了，认识味道能丰富宝宝的味觉经验；听听是什么声音则能提高宝宝的听觉记忆能力。这些都有助于提升宝宝的感觉智能。

第31个月 … 第3周

推荐游戏：【智力开发类】04小兔子乖乖；【语言类】02传达游戏

宝宝已经会说很多话了，但对于长一点的、复杂一点的句子还会颠倒、脱漏，有时发音不清。这时周围的大人不能跟着孩子说孩子话，要用正确的语言、音调多跟孩子讲话。可以多跟宝宝玩传达游戏，提高语言表达的准确性。

另外，晚上临睡前的读故事可以变为边读边问的形式，让宝宝回答故事中的问题，让宝宝也参与进来，使他听故事的时候精神更集中、更有兴趣。小兔子乖乖的游戏除了能锻炼宝宝的语言表达能力外，还具有安全教育的意义。安全教育是让宝宝有避害意识的教育，是一种积极的预防手段。妈妈和爸爸要多利用平时的生活对宝宝进行安全教育，而且要坚持不懈，才能在宝宝心中建立起明确的安全意识。这是因为生活中潜移默化的教育能使宝宝增长分析事物的能力，提高辨别能力，为今后的学习和生活打下良好心理基础。

第31个月 … 第4周

推荐游戏：【智力开发类】06影子游戏；【语言类】05语言游戏

光与影的结合始终是宝宝钟爱的游戏，因为其中充满了变化和未知的可能，这对宝宝甚至对成人来说都是充满吸引力的，影子游戏能激发宝宝的兴趣和想象力，同时增长自然知识。

另外，这一时期的孩子大部分已经能用完整的短句子表达自己的想法；能用疑问句（妈妈，这是干什么用的？），也能自言自语地乱说一气。父母可以根据宝宝的这一特点，跟宝宝玩问答类的语言游戏，从而锻炼宝宝的语言表达能力，发挥孩子想象力。

第32个月 … 第1周

推荐游戏：【智力开发类】01分解、组合玩具；【运动类】01打滚

这一时期的宝宝更喜欢玩“复杂”的组装玩具，他喜欢分解和组合玩具，对于宝宝的破坏力有的父母也许感到很头痛，但宝宝的观察和思考能力正是在这种破坏又创造中建立起来的，所以父母要做的不是制止，而是支持。如果不想让他搞破坏，就给他提供可以自由拆装的玩具来满足孩子的好奇心和求知欲吧。

在体能方面，虽然宝宝早就会打滚了，但是这样的运动还是可以起到对宝宝的锻炼作用，对培养他的肢体协调能力还是很有好处的。

第32个月 … 第2周

推荐游戏：【智力开发类】09制作缆车；【运动类】03钓鱼

宝宝开始能用积木和其他物品搭建镂空的造型，桥梁、房门等。通常情况下，需要父母给宝宝做几次示范，宝宝才能自己完成搭建任务。练习搭建镂空建筑，制作缆车这样的游戏不但可以练习宝宝的思维能力和手的运动能力，还能够帮助宝宝理解空间概念。当然，钓鱼游戏也可以锻炼宝宝的手部能力，提高手眼协调性。

第32个月 … 第3周

推荐游戏：【智力开发类】07布偶剧游戏；【运动类】02模仿；【语言类】03童谣创作

这个阶段的幼儿，词汇量突飞猛进。一觉醒来，宝宝语出惊人，常常令父母惊讶不已。幼儿使用修饰词的能力显著增强，几乎达到成人的一半。幼儿语言的发展总体上说是渐进的，但在具体的阶段上，会出现飞跃。布偶剧游戏和童谣创作等都能提高宝宝的语言智能，开发宝宝的想象力。

需要注意的是，在玩此类游戏时不要给宝宝定规则，以免让宝宝产生挫折感。当宝宝完成作品时，不管做得怎么样，父母一定要记得即刻给予最大的赞美及鼓励，以提高宝宝的自信心。

第32个月 … 第4周

推荐游戏：【智力开发类】08吹笛子；【运动类】07晨跑，08扔飞盘

狭小的家庭空间已经很难满足宝宝学习的欲望，他迫不及待地想走出家门，去外面的世界探险。喜欢去公园、广场，在那里，他可以接触各种各样的事物，见识其他小朋友，他尤其乐意从大孩子那里学习玩耍的方式。

在这里可以跟宝宝玩吹笛子游戏，既能提高宝宝的听觉能力，又能让音乐的曲调变得更加悠扬。而晨跑、扔飞盘等游戏则能让宝宝的动作变得更加敏捷，其他需要大场地和互动类的游戏也可以利用这个最佳场所来完成。

第33个月 … 第1周

推荐游戏：【智力开发类】10花绳游戏；【运动类】06保龄球游戏

这个时期的宝宝能自己动手做很多精细动作了，可以自己穿衣、吃饭、洗脸等等。动手类的游戏依然是他所钟爱的，花绳游戏和保龄球游戏，能很好地锻炼他手的灵活性和准确性，还能帮宝宝建立空间感，非常适合这个阶段的宝宝来玩。

第33个月 … 第2周

推荐游戏：【智力开发类】02识蔬菜专家；【语言类】04说名词

动手能力很强的宝宝，非常热衷于给父母“帮忙”，虽然他常常越帮越忙，但妈妈还是要爱护宝宝的积极性并适当地分配宝宝一些力所能及的工作，比如拿洗衣粉、剥蒜、拿勺子等简单的劳动，这会让宝宝感到自己的重要性，还能调动他对劳动的热情。当然如果能利用宝宝的热情来提高他的认知能力那就更好了，比如在厨房时可以玩蔬菜专家的游戏，在其他不同的场合可以随时跟宝宝玩说名词的游戏。既能提升宝宝的认知能力，又能增加宝宝词汇的丰富性。

第33个月 … 第3周

推荐游戏：【智力开发类】05剪个苹果吃；【语言类】03绒布玩具

宝宝会穿珠子、能剪纸，父母可以用剪刀帮助宝宝剪出各种造型。“剪个苹果吃”的游戏能让宝宝跟你学如何将正方形的纸对折成长方形，再对折成小正方形，还能锻炼宝宝的使用剪刀的准确性和稳定度。

语言方面，现在宝宝进入发现兴趣阶段，也就是说，宝宝开始兴趣盎然地操练在兴趣引导下自觉地练习语言运用，是这个年龄段幼儿的显著特点。可以跟宝宝玩“绒布玩具”这类游戏，宝宝尝到了语言的甜头，语言可以表达自己的意愿，可以和父母更多地在一起，依偎在爸爸妈妈身边，倾听着甜甜的话语，自己也能插上几句话，宝宝觉得真是太美妙了。

第33个月 … 第4周

推荐游戏：【智力开发类】11什么东西没有了；【语言类】01找找看隐藏的字

宝宝开始为自己完成了某个比较困难的任务而感到自豪，“什么东西没有了”这样有难度的游戏激发了宝宝的挑战欲，当父母对宝宝加以表扬时，宝宝也会为自己鼓掌。宝宝听到对他的表扬时，会露出欢愉的表情，这意味着宝宝开始学会自我肯定了。

语言方面，让孩子学习字词的最好方法就是多看。通过这种方式，孩子便能一下把图画和字记起。刚开始孩子会把字也当成图画。即使孩子不知道意思，也会把图画和字连接起来。

四、34～36个月游戏与指导

34～36个月智力开发游戏

01 消失的手指头

目标：培养宝宝的观察思考能力。

1.妈妈将双手合拢，藏一根手指在合拢的双手里。

2.“一、二、三”，让孩子数数看有几根手指头。

3.问孩子：“哪根手指头不见了啊？”教孩子认识大拇指、食指、中指、无名指、小指。

4.孩子会疑惑地上下打量妈妈的手。

5 .妈妈把手翻过来，摇一摇手指并教孩子说出答案。

02 有几颗糖

目标：提高宝宝的数学智能。

1.妈妈抓几颗糖给孩子看，问问他：“有几颗呢？”

2.让孩子“一颗，两颗，三颗……”数数看。

3.接着，从左手抓几颗糖果放到右手，问孩子：“这只手有几颗啊？”

4.再把左手打开，问孩子：“这只手又有几颗啊？”

03 看云

目标：培养宝宝的观察能力，激发孩子的想象力。

1.让孩子看着白云，说说白云看起来像什么。

2.和孩子一起指着像动物模样的白云，找找睛眼、鼻子、嘴巴的位置。

3.天空就像是庞大的牧场或图画纸，可趁机教孩子东西南北的方向。

04 洋葱娃娃

目标：锻炼宝宝的动手能力和自我认知能力。

1.先准备大小不同的洋葱头两只，及丝纸、蜡光纸、橡皮泥、大头针和糨糊等。

2.把一个较大的洋葱头上端削掉，下端去掉并削平，成为一个身体。

3.将小的洋葱头去根和外皮，保持原状，作为人头，然后用大头针将它们连起来，接着，将蜡光纸剪成头发、眼睛、嘴巴，用糨糊贴在适当的位置上；用蜡光纸剪成小花，贴在头上、身上。

4.再把橡皮泥做成耳朵粘在面部两侧，并在头颈上用丝纸扎个蝴蝶结。

05 小染画

目标：培养宝宝的思维能力。

1.在塑料盆里扔入水彩，可先用黄色水彩试试看。

2.搅拌一下，让水彩在水里溶解。

3.将图画纸的一半浸入水中后，观察水在纸上的扩散速度。

4.用报纸或包装纸，也可以用棉花或布试试看。

06 一样多

目标：培养宝宝的数学兴趣，加强宝宝的数学

1.先从分食品学起，分糖果时，每人1块，大家“一样多”。分瓜子或花生，每人2~3颗，也是“一样多”。

2.由于宝宝暂时手口不能同步，所以分东

西时往往每人1颗，第二轮又每人1颗，第三轮也是每人1颗。

3.家长不要着急，等宝宝走上几圈已经很累时，再告诉他如果手中一下抓住2颗或3颗就可以一次分完。这时宝宝也愿意用手去学习抓“一样多”的东西。

4.由于宝宝目前只会识1～3，所以暂时学习每人2颗或每人3颗都是“一样多”。熟练之后，渐渐就可以增加至4和5。

07 彩色数字板

目标：提高宝宝的数学智能。

1.在一块板上画出格子，然后在横轴写上数字，纵轴涂上各种颜色。

2.将红色色纸剪成10个和指甲般大小的圆圈后，在上面写上1～10。

3.接着，分别做10个红、橙、黄、绿、蓝、靛、紫、黑、白、灰圆圈，也写上数字。

4.把符合横轴的数字和纵轴的颜色的各色圆圈，如4、黄色，妈妈就可以把写有数字4的黄色圆圈用胶带贴到格子上。

08 哭笑娃娃

目标：帮助宝宝在迅速反应中发展思维的逆向性和流畅性，提升宝宝的逻辑思维能力。

1.帮助宝宝熟悉训练的规则，必要时父母可以先做个示范。父母告诉宝宝，要和宝宝一起玩经典的老训练——“石头、剪刀、布”。

2.父母告诉宝宝，这次要做点小小的改动。每一次，胜利者都要做“哭”的表情，输的一方则要做“笑”的表情，谁先做错就要认输。

09 认识表情

目标：帮助宝宝学习控制表情，并能增加宝宝对于面部表情的认识。

1.大人在纸上画5个圈，假设为5个人的脸。

2.大人再画上耳朵，然后，大人先画一个哭的，让孩子学学哭的样子。

3.依此类推，画一个乐的、一个惊讶的、一个发怒的，都让孩子学一学。

4.最后，让孩子照以上顺序再画几次，自己画一个表演一回。

5.大人也可表演表演。让孩子感受到人的五官各种表情的样子。

10 摸积木

目标：提高宝宝的认知能力。

1.把孩子玩的积木放在一个布口袋内，让孩子隔布触摸，当摸准一块时，让孩子说清是什么形状，然后进行核对。

2.一旦说对要表扬奖励。

11 认识冬天和夏天

目标：锻炼宝宝解决问题的能力，激发他的想象力。

1.收集一些冬天和夏天所用衣物的图片，将其堆放在一起。问宝宝如果冬天到北方旅行，需要穿什么，然后请宝宝找出所需衣物的图片。

2.接着问宝宝如果夏天去南方旅行，需要穿什么，请宝宝选出所需衣物的图片。

3.不论宝宝选出哪一个图片，都要问宝宝为什么要穿这件。

34～36个月运动游戏

01 长高体操

目标：提高宝宝的运动能力。

1.让孩子躺着，而妈妈坐在孩子脚前，面对孩子。

2.孩子的双脚对着妈妈的胸口，妈妈将孩子的双脚朝胸口的方向往上推。

3.将孩子的脚反复推再伸展。

4.让孩子膝部弯曲并往两边摇。

5.让孩子趴着，妈妈从前面抓着两手，将孩子的上身抬起往前拉。

6.让孩子躺好后，分开两腿，使之往两边伸展到最大。

02 洗衣篮

目标：培养宝宝的身体协调性。

1.洗衣篮是练习投掷技能的好用具。

2.练习将不同的东西投进洗衣篮，比如球、卷纸或者围巾。

3.为了投进去，每种物体都需要用不同的动作技巧。

4.将篮子放在离宝宝足够近的地方，这样宝宝可以成功地将东西投进篮中。

03 筷子游戏

目标：锻炼宝宝手部动作的灵活性，并培养其注意力和增进耐心。

1.妈妈先拿筷子引起孩子兴趣。

2.让孩子用筷子夹积木或娃娃等体积大的物品。

3.试着让孩子夹体积小且薄的物品。

04 躺着踩脚踏板

目标：提高运动智能，锻炼宝宝肢体协调能力。

1.爸爸说："和爸爸一起骑脚踏车吧！"然后躺着模仿踩脚踏车的样子。

2.在孩子要躺的地方铺上毯子。

3.孩子跟着爸爸躺在旁边，兴高采烈地开始骑脚踏车健身。

4.爸爸一边说："爸爸要骑快一点！"一边加快速度踩脚踏板。

5.一边说："呼！好累！慢慢骑吧！"一边踩慢一点。

6.问问孩子要骑到哪里去，如到超市、比萨屋、公园，然后到市区转一圈。

05 穿珠子

目标：训练宝宝手部的精细动作，培养其专注力。

1.在小饮料瓶底部穿孔。

2.然后请孩子将线穿过小饮料瓶，做成可以戴在脖子上的花环。

3.让孩子将自己做的花环挂在脖子上，等爸爸下班回家后，让孩子亲手挂在爸爸的脖子上。

4.熟练穿线之后，让孩子穿穿小扣子，尝试做手链或项链。

06 走平衡木

目标： 培养宝宝的身体平衡能力，提高宝宝的肢体协调能力。

1.在离地10～15厘米的平衡木上学习行走。

2.家长先单手扶宝宝在平衡木上来回走几次，使宝宝习惯在高处行走，然后让宝宝扶棍子的一端，家长扶棍子的另一端，在一定距离内陪着宝宝走几次。

3.慢慢手离开棍子让宝宝自己在平衡木上行走。鼓励宝宝展开双臂以保持身体平衡。

4.学会自己走平衡木后，可以再进一步，让宝宝头顶一本小书在平衡木上走。

07 摸瞎瞎

目标： 提高宝宝的肢体协调能力。

1.在5米远的地方放孩子爱玩的玩具，中间摆放一块长、宽50厘米的木板当作桥，先让孩子目测好，告诉他走过桥拿回那边的玩具。

2.这时把孩子眼睛蒙上，给个口令，孩子摸瞎过桥去拿玩具。

3.拿回一个表扬一回，争取都拿回来。

08 投球

目标： 训练宝宝手部肌肉控制力，提高宝宝精细运动能力。

1.宝宝投球往往将球拿在胸前或腹下部向前抛球。

2.由于手不能向后使劲，球投不远。

3.经成人示范把手抬到肩上方，略向后再向前投，球可以投得远而有力。

4.刚学习时往往在略向后时松手，球反而掉在后面，经过练习才会向前投。

5.也可以用沙袋代替皮球，练习投掷，沙袋不会滚动，可以减少捡球的麻烦。

09 筷子夹枣

目标： 锻炼宝宝手的灵活性、准确性。

1.同宝宝一起用筷子把桌子上的大枣夹入碗里。

2.一面夹一面数1个、2个、3个……利用游戏教会宝宝使用筷子。

3.因为大枣表面凹凸不平，所以较易被筷子夹住。

10 够高高

目标： 发展宝宝的手部控制能力。

1.将小铃铛拴在离孩子举起手高15厘米的绳子上，让孩子原地跳，去够铃铛或跑来跑去地够铃铛，或者击打铃铛。

2.绳子的高度要灵活掌握，过高过低要调整，以适度为好。孩子够时用双手、用单手都要练。

3.为了引起孩子兴趣，坚持持久，可吊小食品，如小型水果，这时所用绳应改成猴皮筋，一定让孩子攥住，然后留下来，洗净给孩子吃，够着一个吃一个（放在一起，玩完一起吃。）

11 套圈游戏

目标： 锻炼宝宝抛扔动作和手眼协调技能，使宝宝学会有意识地击中目标。

1.用铁丝弯成几个直径在20厘米左右的圆环，把一些细的玩具熊，球或能竖直坐稳的小动物等在地上摆放好。

2.让宝宝站在离所要套的物体1米远的地方，教孩子把圆环抛出，套中物体。

3.可与宝宝比赛，看谁套中的东西多。

12 跳格子

目标： 锻炼宝宝单脚跳跃和身体平衡的协调能力。

1.在室内或室外，画一个“田”字格，每格长宽均为30厘米左右。

2.家长教孩子由下的方格单脚跳到其他方格，跳完为止。

3.待单脚跳跃较熟练后，还可以把沙袋放入格内，边跳边踢。

34～36个月语言游戏

01 小印第安人

目标： 提高宝宝的语言智能。把“小印第安人”的歌词换成别的歌词唱唱看，让孩子可以认识东西的名称。

1.如：“书一本、书两本，书旁边有棒球，球一个、球两个，球旁边有镜子；镜子一个、镜子两个，镜子旁边有闹钟……”之类的方式，让孩子配合旋律唱唱看。

2.也可以数数字，增加孩子的语言能力。

02 独角戏

目标： 锻炼宝宝的语言表达能力，提高对语言及字词的掌握与运用能力。

1.先做一个手偶，可以用干净袜子制作，贴上眼睛、鼻子、嘴巴，或者画上去。

2.让孩子将手偶戴在手上。

3.让孩子帮娃娃说出内心话，说话的时候，也可配合手部的动作。

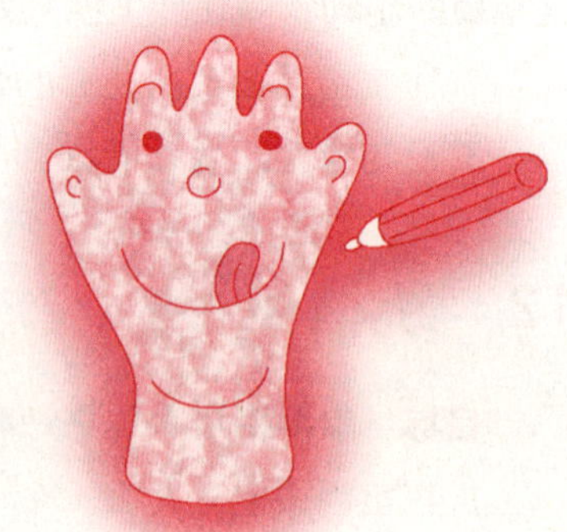

4.让孩子试试独自领导整段对话。

5.妈妈可在一旁帮助孩子的对话顺利进行。

6.妈妈有时也可代替娃娃回答，以使对话能继续进行。

03 奇妙的口袋

目标： 锻炼宝宝的语言表达能力，促进宝宝的大脑发育。

1.准备一个小布口袋，或者是盒子一类的容器，布娃娃，小汽车、皮球、摇铃、喇叭等玩具。家长把玩具都装在小布口袋里，然后向宝宝念儿歌：“奇妙的口袋东西多，让我先来摸一摸，摸一摸，摸出来看看是什么？”

2.家长摸出皮球，问宝宝：“这是什么？”

3.待宝宝回答了“这是皮球”之后，家长再拍拍皮球，问宝宝：“我在做什么？”启发宝宝说出“你在拍皮球”。

4.家长给宝宝做出示范以后，让宝宝接着来摸，摸出来的玩具，要求宝宝说出是什么，然后再玩这个玩具，家长再问“你在做什么？”等问题，此训练可以反复进行。

04 语言接龙

目标：提高宝宝的语言能力和记忆力。

1.决定语词接龙的主题。可以是水果、放在冰箱里的东西，或是动物园里的动物。

2.请孩子先说一个词语，然后妈妈跟着接龙，如：“苹果”→“苹果、草莓”→“苹果、草莓、梨”→……依此类推，直到说不出来为止。

05 一个瓜

目标：训练宝宝分辨发音相近字词的能力，培养其发音的准确性，从而提升宝宝的语言能力。

1.父母一字一句地教宝宝读儿歌：

金瓜瓜，银瓜瓜，瓜棚里面结瓜瓜。

瓜瓜落下来，打着小娃娃。

娃娃叫妈妈，妈妈叫娃娃，娃娃怪瓜瓜，瓜瓜笑娃娃。

2.让宝宝准确地分辨清“瓜”、“娃”、“妈”的发音，再熟读这首儿歌。

3.让宝宝一字一句地背诵这首儿歌。

4.让宝宝用比较快的速度把这首儿歌背诵出来。

06 答复下一句

目标：提高观察力、思维能力，掌握更丰富的口头语言。

让孩子听清前一句，却让回答后一句：

1.锅是做饭的，碗是干什么的？

2.帽子戴在头上，鞋穿在什么地方？

3.夏天北方凉爽，小燕子冬天上哪里去了？

4.飞机在天上飞，船在哪里航行？

5.爸爸妈妈上班，爷爷奶奶呢？

6.要求孩子答出完整的确切的句子来。

07 变魔术

目标：训练宝宝将一个名词扩充成完整的短句，提高语言表达能力。

1.准备各种便于捏在手中的物品，如橘子、水杯、小玩具等。

2.让宝宝先看一段变魔术的电视节目，让宝宝对变魔术有初步的感受。游戏前，妈妈将准备好的物品放在身后。

3.游戏开始，妈妈对宝宝说："宝宝，妈妈给你变个魔术。变变变，变出一个橘子。"让宝宝也来"变"，当宝宝"变"出一样东西时，妈妈要引导宝宝用语言表达出来，如"变出……"可以双方轮流进行，让宝宝"变"一次，再由妈妈"变"一次。

08 换歌词

目标：提升宝宝的语言智慧，提高其听觉智能。

1.妈妈同宝宝一起唱一首宝宝熟悉的歌曲。当妈妈唱到一个词时，用另一个词替换掉，并引导宝宝改掉下一句的一个歌词。

2.比如将"小山羊想妈妈"改为"小鸭子想妈妈"。那么下句可以由宝宝来改，比如引导宝宝将"咩咩咩找妈妈"改为"嘎嘎嘎找妈妈"。宝宝觉得好玩，就会自己想一个词来替换一首歌中的一个词，然后妈妈再引导宝宝替换掉整句歌词。

3.但是在游戏过程中，妈妈一定要仔细听宝宝替换的词中有没有逻辑性的错误，比如宝宝是不是把"暖暖的太阳"改成"暖暖的月亮"等，如果出现这种情况，妈妈一定要及时给宝宝解释清楚，改正宝宝错误的认知。

第34个月 … 第1周

推荐游戏：【运动类】08投球，12跳格子

宝宝的各项运动能力都有发展，能非常利索地跑步，还能用单脚跳着走。宝宝可以接住从1米处抛过来的球。投球和跳格子游戏非常适合这个阶段的宝宝，父母可以教宝宝单足跳跃，左右都可以，不必勉强宝宝用左脚。

第34个月 … 第2周

推荐游戏：【智力开发类】04洋葱娃娃；【运动类】03筷子游戏；【语言类】05一个瓜

宝宝眼、手、脑的协调能力也进一步增强。可以用剪刀剪碎纸，握笔时懂得用左手扶纸，并能画出圆形和四边形；乐意进行自我服务，能自己吃饭，自己穿脱鞋袜，能穿上面开口的衣服，能扣扣子等。他们的感情很丰富，对待父母比以前体贴和乖巧多了。这个时候的宝宝特别想为大人做点事，但往往成事不足，败事有余。父母应该给他们提供一些机会好好表现。洋葱娃娃、筷子游戏等既能够提高宝宝做事的积极性，又能锻炼宝宝的手眼协调能力，是对宝宝非常好的锻炼。

语言方面，宝宝的有些发音还不太清楚，很多时候还需要父母去猜，可以有意识地加强对宝宝这方面的训练，比如一个瓜这样的游戏，就能很好地训练宝宝分辨发音相近字词的能力，培养发音的准确性。

第34个月 … 第3周

推荐游戏：【运动类】04躺着踩脚踏板；【语言类】01小印第安人，04语言接龙

宝宝很喜欢运动，尤其是户外运动更加有利于宝宝身心健康发展。但是如果天气太冷或下雨不能外出，而孩子感觉烦闷的话，可以在房间里试试脚踏车健身。

语言方面，当宝宝能够说出比较完整的简单句时，就开始尝试着说复合句了。但这么大的宝宝，还不会把复合句用连接词恰当地连接起来。宝宝复合句的运用能力，是与简单句的运用能力平行发展起来的。在不断完善简单句的同时，复合句的运用能力也在不断得到发展。小印第安人和语言接龙这类的游戏能对宝宝的语言智能起到很好的开发作用。

第34个月 … 第4周

推荐游戏：【智力开发类】01消失的手指头，03看云；【语言类】07变魔术

快三岁的宝宝思维能力有了很大提高，他常能触类旁通，如说到蓝色，宝宝知道天和海是蓝色的，家里的日用品中也包含着许多蓝色等。

经常与宝宝做一些联想的游戏可以开发他（她）的想象力，锻炼宝宝思维的活跃性。这里介绍的几个游戏对宝宝想象力的开发都大有裨益，父母可以经常跟宝宝一起玩类似游戏。

第35个月 … 第1周

推荐游戏：【运动类】01长高体操，06走平衡木

现在宝宝的基本动作已经非常敏捷，他不需要集中过多精力在走路、站立、跑步或跳跃上，走路时像大人一样摆动双臂，由于宝宝运动能力非常强，运动量大，宝宝的肌肉变得非常结实有弹性。长高体操能让宝宝的身体得到全面的锻炼，提高宝宝的综合运动能力。

现在宝宝已经具备良好的平衡能力了，他会很乐意学习怎样踮着一个脚尖走路，并努力保持平衡状态。宝宝还可以短时间单脚站立，并保持平衡。你可以扶宝宝的小手试走离地25厘米以内的平衡木，走稳后让小孩从一头走到另一头，大人须要在一旁监护。

第35个月 … 第2周

推荐游戏：【智力开发类】05小染画，07彩色数字板；【运动类】09筷子夹枣

现在的宝宝具有丰富的想象力和动手能力，对任何新奇的事情都有试一试的欲望，根据宝宝的这一特点，给他玩一些有启发性能、增长知识的游戏会有很好的效果，小染画和彩色数字板就是不错的选择。

另外，宝宝应从2～3岁时就学习使用筷子，尽量避免再用勺子。因为使用筷子时，大脑和手进行着一系列的精细协调动作。用筷子夹食物时，不仅是5个手指要同时活动，腕、肩及肘关节也要一起参与。从大脑各区分工情况来看，控制手和面部肌肉活动的区域要比其他肌肉运动区域大得多，肌肉活动时刺激了脑细胞，有助于大脑的发育。家长应加强孩子自理生活能力的培养，切忌过度保护，包办代替。

第35个月 … 第3周

推荐游戏：【智力开发类】11认识冬天和夏天；【语言类】06答复一下，08换歌词

宝宝对自然界的认知有了新的提高，除了白天黑夜、日月星辰，对于四季的变化也有了初步的认知，父母可以跟宝宝玩“认识冬天和夏天”这样的游戏，增强宝宝对季节和每个季节不同生活特点的认知。

在语言方面，3岁前，宝宝的语言表达基本上是对话形式，或回答父母的问题，或向父母提出问题，获得解答，自己创造性的语言独白少之又少。随着幼儿独立性的发展，对世界认知能力的提高，宝宝的提问更全面了，他对新鲜事物的探索精神常让你疲于应付。宝宝从2岁多爱问“为什么？”现在宝宝会不停地问“是什么”、“在哪儿” “怎么样”

等更深的问题。这说明宝宝的求知欲更加强烈。父母可以反过来问宝宝问题，或玩换歌词之类的游戏，同样能提高宝宝的思考能力和解决问题的能力。

第35个月 … 第4周

推荐游戏：【智力开发类】02有几颗糖呢，06一样多

宝宝看到小朋友手中的饼干比他手中的多，他马上就会意识到，因为宝宝已经有了多与少的概念。同时，宝宝开始喜欢将他的年龄、生日、电话号码等数字告诉周围人，对数字表现出浓厚的兴趣。利用这一发展特点，父母可以教宝宝学习数学了，培养宝宝对数学的敏感。数学在日常生活中的重要性是不言而喻的，是独立生活和通向科学的门槛。

学习数学可帮助逻辑思维的发展，良好的数学教育不仅能够促进宝宝认知的发展，而且对宝宝情绪、情感、意志、社会性以及身体发展有着重大的促进作用。数学智慧能够促进幼儿感觉、观察力等的发展。因此父母对宝宝早期的数学教育可以为其以后掌握更为复杂难懂的数学概念打下坚实的基础。

第36个月 … 第1周

推荐游戏：【运动类】10够高高，11套圈游戏

宝宝应该已经会拍球、抓球和滚球，并能够接住2米远抛来的球。够高高和套圈这类的游戏，能发展宝宝手部的控制力，锻炼宝宝的抛扔动作和手眼协调技能。

另外，经常玩秋千、跷跷板和滑梯可以提高孩子对自己身体的信心。让宝宝玩跳房子的游戏，亲子单脚蹦：牵着宝宝的手让他（她）单脚换着跳，可练习宝宝的跳跃能力。

第36个月 … 第2周

推荐游戏：【运动类】02洗衣篮，05穿珠子

家庭生活用品依然比任何玩具都更有吸引力，锤子、剪刀都要用一用，拖把、扫帚都要试一试，瓶瓶罐罐常常被倒来倒去，宝宝是破坏东西的一流高手，不会修理却有修理整个地球的愿望。

既然宝宝如此钟爱生活用品，那就尽管让他拿去玩，洗衣篮、饮料瓶、扣子等都是他提高自身能力的好帮手，家长只要监护好，不让宝宝发生不必要的危险和意外就好了。

第36个月 … 第3周

推荐游戏：【智力开发类】08哭笑娃娃，09认识表情；【语言类】02独角戏

3岁以前的宝宝，语言主要是情景性的，只有结合此时此刻的情景，并辅以手势、表情，甚至是带有表演性的动作，才能够表达出比较完整的意思，才可能让成人理解幼儿的思想。3岁以后的儿童，开始逐渐向连续性语言发展，能够离开具体情景表述一些意思了。哭笑娃娃、认识表情这样的游戏能提升宝宝的语言智能和逻辑思维能力。

3岁左右的幼儿开始沉浸在自言自语的语言快乐中，这是宝宝在语言发展的一个阶段。我们成人在思考问题时是不需要说出来的，而3岁以前宝宝的思考是直接用嘴说出来的。这个阶段宝宝喜欢自言自语，就是处于这个过渡期。可以给宝宝玩独角戏的游戏，尽情发挥他自说自话的能力。

第36个月 … 第4周

推荐游戏：【智力开发类】10摸积木；【运动类】07摸瞎瞎；【语言类】03奇妙的口袋

宝宝对未知的事物总是充满好奇，摸积木、摸瞎瞎、奇妙的口袋这样的游戏总是能激发宝宝的兴趣。父母可以利用宝宝的好奇心让宝宝的认知能力得到提高，同时锻炼感知能力、身体机能和语言智能。

附录　游戏与玩具概述

众所周知，儿童游戏是有趣而令人兴奋的，游戏中的欢声笑语反映了它的本质具有趣味性，此外，游戏对于儿童各方面的成长均具有重要贡献。

游戏是高等动物与生俱来的生命现象，更是伴随人类生存、发展的社会活动。尽管大自然中，几乎所有高等哺乳类动物都钟爱“游戏”，但现代生命科学研究却表明，只有人才能意识到自己是在“游戏”，并进而对这种活动进行命名、调控、升华；借这种活动展开研究、模拟、创造。因此，从社会学意义上说，游戏不仅仅是一种激情洋溢的挥发生命能量的活动，更是一种积淀深厚、意味深长的人类文化现象。

一、儿童游戏理论

经典理论

精力过剩说（代表人物：席勒、斯宾塞）

观点　生物体都能产生一定能量以满足其生存所需，当需求满足后，若还有剩余能量，那就变成多余的能量。过剩的能量积累会造成压力，必须消耗掉。因此，被视为“无目的行为”的游戏就是人和动物用来消耗能量的方式。

解释　为什么儿童在教室里上了一段时间的课后，需要到游戏场上奔跑、追逐；为何儿童会比成人更有精力（因为小孩的生存需要有成人给予满足，从而使得小孩有许多过剩精力），以及为何高等动物比低等动物更有精力（因为高等动物能更有效地满足生存需要，从而剩余更多的精力用于游戏）。

“精力过剩说”认为，游戏是生物体对剩余精力的一种消耗。这一观点的前提是任何生命体都需要一定的能量来维持生存，但是，如果生命体在生存需要被满足之后，还有精力和能量的剩余，那么这些剩余的精力和能量必须被一些谋生之外的活动消耗掉，否则将不利于生命体的健康发展。而这些所谓的消耗剩余的精力和能量的活动就是游戏。

这一理论最初是由德国哲学家、美学家席勒提出来的。席勒先是以“精力的剩余”来解说游戏的起源。在他看来，如果狮子不受饥饿折磨，也没有任何野兽来挑起争斗，那么它空闲剩余的精力就要给自己创造出一个对象，以雄壮的吼声响彻沙漠；昆虫在阳光下飞来飞去，鸟儿悦耳鸣啭，满怀生活的欢乐，这并不是出于欲望；树为了吸收养分伸展出根、枝、叶，但它们的数量远比维持树木的个体以及种类所需要的多得多；人也有自己的自由运动和物质游戏，仅仅为自己的独断专行和无拘无束而感到快乐，但这属于人的动物性生活，是剩余精力的发泄……

后来得到了另一位德国思想家斯宾塞的呼应。斯宾塞在席勒的基础上，将“精力过剩说”更加具体化了。例如，斯宾塞认为，个体生命的能量消耗主要有两个途径，一个是具有目标的活动，比如工作；另一个是没有目标的活动，比如游戏。而在此基础上，生命体所进行的消耗剩余精力的游戏活动因物种的不同而不同。

松弛消遣说 （代表人物：拉扎鲁斯、帕特里克）

观点 游戏的目的是为了恢复工作所消耗的能量。

解释 成人的休闲活动如此流行。幼儿生活是按学习等心智活动与游戏活动相互穿插来组织的。

“松弛消遣说”的观点和“精力过剩说”恰恰相反。“松弛消遣说”认为，人和一些高等动物之所以游戏，绝对不是因为“精力过剩”了需要消耗，而是“精力匮乏”不足需要补充、补偿。持这一观点的学者是德国哲学家拉扎鲁斯和帕特里克。

拉扎鲁斯认为，工作是人和动物谋生的手段，不可或缺。但是，工作消耗了生命体的大量精力和能量，这种精力和能量必须能够不断得到适度的补充，以维护生命体的不断正常运行，而游戏就是担当这一职责的重要方式。另外，游戏还有调剂功能。当单调的工作做得太久了，生命体就会疲乏，需要游戏来调节，以恢复生命体的机体活力。

帕特里克则将拉扎鲁斯的观点向前推进了一步。他从现代人工作的精细分工和环境压力角度出发，说明游戏调节起的作用在现代大工业生产的格局下显得尤为重要。

复演说 （代表人物：霍尔）

观点 通过游戏儿童复演了人类的发展阶段——动物、原始人到部落人等等，儿童游戏的阶段性也遵循人类进化的顺序。

五阶段

动物阶段，指类人猿阶段。幼儿表现是本能的反应，如吸吮、哭泣、抓爬、站立。

未开化阶段，是指靠猎取动物为生。幼儿表现玩追逐游戏、丢手绢游戏和捉迷藏游戏等。

游牧阶段，靠游牧为生。幼儿表现出爱小猫、小狗、小鸭、小鸡等爱小动物的游戏。

农业、耕种阶段，幼儿表现为玩娃娃、玩具、挖地、挖河等游戏。

城市阶段，也称部落阶段。幼儿表现出小组游戏，由单一玩发展为一群人一起玩。

解释 儿童爬树的活动（如同我们原始祖先）会在群体游戏（部落人）之前出现。游戏的目的是消除那些不应在现代生活中出现的原始本能。例如，儿童玩棒球，可帮助儿童消除用棒子攻击之类的原始打猎的本能；捉迷藏是反映当时原始人躲藏野兽保护自己。

19世纪末期，生物学家发现，人类胚胎的发展，几乎完全重演了人类种族进化的历史。美国心理学家霍尔将这一观点应运于游戏研究，提出以下看法：游戏来自种族的本能。

儿童游戏重演了人类的发展史，儿童游戏阶段与人类历史的发展阶段是可以一一对应的。比如，人类历史发展经历了这样五个阶段：动物阶段、原始阶段、游牧阶段、农业阶段、部落阶段。

而儿童游戏的发展也表现出与之相对应的几个阶段：幼儿1岁前的爬行和蹒跚学步是与人类动物阶段的行为特点一致的；儿童在10岁前喜欢玩闹追逐、捉迷藏的游戏则反映了人类原始阶段的行为特征；女孩喜欢布娃娃、男孩喜欢泥土挖掘等游戏则是对应了人类在农业阶段的行为方式；而儿童在进入学校集体生活中所喜欢的小组竞赛活动则显然又与人类在部落阶段的活动形式不谋而合……

基于上述推演，霍尔认为，儿童在成长过程中所表现的游戏行为的阶段性，基本上印证了人类历史的演化顺序。

预演说 （代表人物：格罗斯）

观点 游戏是加强未来所需的本能。新生儿或动物遗传了一些不够完善的本能，而这些本能对生存至关重要。游戏的目的就是提供儿童一种安全的方法，帮助他们去练习和完善成人生活作需要的本能。

解释 幼小动物（如小狮子）之间的打斗游戏。儿童在社会戏剧性游戏中扮演父母的角色，也就是日后为人父母所需技巧的练习。

德国心理学家格鲁斯的看法与霍尔恰恰相反，格鲁斯认为，游戏不是消除原始本能，而是要通过联系，加强未来所需要的本能，以便为将来生活做好准备。

在格鲁斯看来，动物和人类的新生儿都遗传了各自物种的一些不够完善的本能。这些本能对生存非常重要。而动物正是通过游戏活动来训练和加强这种本能。比如：小猫玩抓纸团是为了练习捕鼠，小狗互相追逐是为了练习追捕猎物。

同样，幼儿也正是通过游戏去练习和完善将来成人生活所需要的本能。女孩喜欢喂洋娃娃的游戏，是因为她们要为未来做母亲作准备，男孩子玩打仗的游戏是为了练习战斗的本领。幼年时代是为游戏而生存的。动物之所以游戏，并不是因为它们年幼的缘故，它们之所以有幼年期，是因为它们必须游戏……鉴于未来的生活任务，它们必须这么做，才能用个人经验来补充与生俱来的不完善的机制。

现代理论

精神分析理论 （代表人物：弗洛伊德）

弗洛伊德认为游戏在儿童的情绪发展中扮演了重要的角色。游戏具有宣泄的效果，可以让儿童摆脱创伤经历产生的消极情绪。

游戏可以让儿童抛开现实，并将儿童从被动的、不良经验的角色中转移过来，发泄其情绪。例如儿童被父母打后，可能对玩具娃娃发火，或者假装处罚他的玩伴，通过角色转换，从被动者成为主动者，儿童可以将消极情绪转移至一个替代的物或人。

认知理论 （代表人物：皮亚杰、维果斯基）

皮亚杰认为，儿童经历了一系列不同的认知阶段，随着阶段的发展，他们的思维过程日益接近成人。儿童参与与其认知发展水平相符的游戏类型，例如，2岁的儿童只能玩练习性游戏（如重复身体的动作）以及简单的装扮活动，他们不能参与更加高级的戏剧性或虚构性游戏，因为它们不具备必需的认知和社会能力。

皮亚杰的游戏理论

大致年龄	认知阶段	主要游戏类型
0~2岁	感觉运动能力	练习性游戏
2~7岁	前运算阶段	象征性游戏
7~11岁	具体运算阶段	规则性游戏

游戏不仅可以反映儿童的认知发展水平，更可以促进儿童的认知发展水平。游戏的练习巩固作用十分重要，因为缺乏练习和巩固， 许多新掌握的技能就会迅速消失。

维果斯基认为，儿童不具有抽象思维能力，对他们而言，意义与实体是混为一体不可分的，因此，儿童不看到真实的马就不能够了解马的意思。当儿童开始参与想象游戏，使用物品（如棍子）来代替其他物体（如马）时，意义开始与实体“马”分离开来，这样儿童才能独立与所表征的实体来想象意义。因此，象征性游戏对儿童抽象思维的发展具有重要价值。

在游戏中，儿童也可以在诸如自我控制、语言使用、记忆和与他人的合作方面延展自己的能力。例如，一个一旦上床睡觉就哭闹不停的孩子可以在社会戏剧游戏性游戏中假装上床睡觉而一点也不哭闹。

在游戏中，由于儿童控制了游戏想象的情境，他就可以控制自己的行为。与现实生活中的情形不一样，在游戏情境中儿童可以假装哭泣，但也可以停止哭泣。与其他情形相比，儿童在参与游戏时表现出更集中的注意力、更好的记忆、语言使用和社会合作能力。

游戏就像一个放大镜，能使儿童潜在的新能力在真实情景中（特别是在学校课堂之类的正式情景中）表现出来之前，就在游戏中首先展现它们。

布鲁纳认为，游戏的方式比结果更重要。在游戏当中，儿童不用担心目标是否实现，所以他们就会尝试新的、不寻常的行为，而这些行为在有目标压力的情况下是不会尝试的。

一旦儿童在游戏中尝试了这些新行为，他们就可以利用他们来解决现实生活中的问题。在游戏中得到练习和掌握的行为可以整合起来，如同已建立起来的行为模式一样有用。因此游戏通过增加儿童的行为选择而促进变通能力。而且游戏为儿童提供了免于承担现实后果的缓冲状态，从而有机会尝试各种可能性。

唤醒调节理论

这一观点认为，游戏是由于我们中枢神经系统为保持一种最佳程度的唤醒状态所引起的，游戏是一种可以将唤醒状态提高到最优水平的刺激寻求活动。游戏用新的、不寻常的方法运用物体并进行活动，从而增加刺激。例如儿童玩滑梯，如果用平常的方法玩，儿童可能很快就觉得无聊了，而换用许多他们想象出来的新奇玩法来玩，就能增加刺激。

游戏与探索行为

	探索	游戏
时间	先于游戏	发生在探索行为之后
内容	陌生物体	熟悉物体
目的	获得信息	创造刺激
行为	固定、刻版化	多样化
心情	严肃	高兴、兴奋
心跳	低可变性	高可变性

探索行为是一种“刺激导向”的行为，主要是获取物体的相关信息，为将要探索的物体的刺激特征所控制。

游戏是“机体导向”的行为，为儿童的需要和愿望所控制。游戏是为了产生刺激，而不是为了获得物体的相关信息。

游戏的特征

1.非真实性：假装

2.内在动机：自身的缘故

3.过程（终于结果）导向：方式终于结果

4.自由选择：与工作的区别

5.积极情感：愉悦及欢乐（游戏最重要的特征）

游戏的 4 种隐喻

游戏是转换　强调幼儿游戏的象征性特点。教师可以辨明装扮性游戏情节中各类隐含的转换行为。通过儿童在装扮性游戏中对真实道具、非真实的道具的使用以及根本不使用道具，来测定儿童在语言、想象和表征能力方面的进步，这样家长就可以对游戏活动区的物品作适当的调整以便儿童在游戏中使用（例如添加和拿走真实道具），而且，教师应该对假装游戏中扮演各种角色和主题时出现的明显困难作出敏锐的反应，例如，在基于幻想角色和事件的主题面前，儿童通常会选择演出与他们熟悉的日常经验相近的主题（例如，超人）。

游戏是元交际　通过游戏本身以及围绕游戏情景的协商，反映和表现了存在于游戏情节内的社会关系，以及存在于游戏情节外的社会关系。

元交际理论可以使教师对游戏的“水平性质”有更多的意识。游戏内的社会关系重建和游戏外的社会关系的表达，通过用这种方法来考察游戏，教师能敏锐地感觉到教室或托儿所内的人际关系。因此，这个理论在评估同伴地位和每个儿童的社会发展方面可能很有价值，也可以用来解释游戏时儿童的某些行为。

游戏是表演　多元素的舞台事件，游戏者会在一个为真实或虚构的观众而设立的装扮世界里相互作用。教育者要尊重将儿童的装扮世界与真实世界分离开的游戏界限。

无论是作为一个成人试图进入一个游戏世界的时候，还是试图帮助一个儿童加入一个正在进行的游戏小组的时候，不敏感可能会造成对游戏不必要的中断。例如，过多干预或过于结构化都可能会消弱或破坏儿童自发的在游戏者、游戏同伴、导演、制作人和观众之间形成的协调。

游戏是脚本　脚本的成分包括场景、行为、角色及其关系、场景道具（环境物体）、脚本的变化（例如去一个大超市或去一个小杂货店），以及表示脚本开始与结束的社会现实中的条件，有助于教师认识和分析儿童在智力和语言能力方面的差异，以及自我概念和个性方面的差异。

因此，这个观点可以让教师从一种新的途径来了解儿童。通过观察儿童在游戏的所作所为，教师可以估计儿童知道什么，儿童是如何组织经验及如何表达它们的，以及什么对儿童很重要。然后教师可以抓住儿童的特殊兴趣设计一些指导计划，例如安排户外观察和一些辅助性活动，这些指导的效果可以在随后的游戏脚本中予以观察。例如观察儿童扮演饭店用餐情境。

二、游戏玩教具

一想到游戏，自然而然就会想到玩具，因为任何一种游戏都与玩具及其他游戏材料紧密相关 。

游戏材料的种类

模拟玩具　是指那些以儿童的生理和社会环境所设计的较大物体的微缩体，真实物体与幻想物体的缩影。包括模拟生物玩具、交通工具玩具、戏剧性玩具游戏道具。

由于都是缩小的模型，孩子玩起来十分方便。另外，这些玩具能鼓励儿童从事戏剧性游戏。

教育（益智）性玩具 由玩具公司生产，用来促进学习和发展的。 包含的技巧与观念包括：建立部分与整体的关系；自助技能，如绑鞋带；辨认颜色，了解颜色的名称；按大小顺序排列物体；了解一对一的对应关系。教育（益智）性玩具一般包括拼图、堆叠玩具、穿线玩具、套叠玩具、钉板玩具。

其中拼图需要注意的：

- 2岁儿童——只有一个完整图形的带圆钮的拼图（不分成几片）
- 3岁儿童——带圆钮拼图，5到8块拼图
- 4岁儿童——有12到18块的拼图（无把手）
- 5岁儿童——有18到25块的拼图
- 6岁儿童——有35块到62块的拼图

建构性玩具 是一种开放式玩具，可以让儿童有多种不同的玩法，不同于有特定教育目的的玩具，在使用上有较大的弹性。建构性玩具一般包括积木、建筑组合玩具。

大肌肉运动玩具 用以促进大肌肉发展和协调能力。

婴儿的玩具 可抓捏的布球，会铃铃作响的球，会摆动的球，不需要上发条可推动的玩具（简单的玩具车，带轮子的动物玩具）。

- 1岁儿童——当发条的可推动的玩具；短绳子拖拉玩具；柔软的轻球和较大的球（包括排球大小的球）；固定的可骑上去的器材；秋千（有成人推动和在旁监督）；隧道。

- 2岁儿童——简单的娃娃车和四轮小车；外观上象成人设备的可推动的小车（如小推车）；各种形状和大小的球，特别是用来踢与扔的；用脚推动的可稳定的骑在上面的器材（没有脚踏板），低矮的攀爬结构物与滑梯。

- 3岁儿童——小型四轮车和手推车；适合于3岁儿童的三轮车；实物大小的摇马和跳马；固定的户外攀爬设施。

- 4岁儿童——空心的塑料软球和轻型球拍（随时在旁监督）；带梯子的滑梯；绳索、悬杆和秋千的环状器具；攀爬器材；户外建筑设施。

- 5岁儿童——实物大小的四轮车、脚踏滑板；跳绳。

其他教育玩具 分类游戏，开锁游戏，纽扣游戏，绑鞋带游戏，拉链游戏等

规则性游戏的玩物 简单的扑克牌游戏、棋类游戏、记忆游戏以及数数游戏。

真实物体玩物 一些现实世界中特定的非游戏用途的物体，但这些物体都是很好

玩的游戏玩物，因为它们不仅具有多种用途，而且能刺激儿童使用它们。比如沙子、水及泥巴等。

艺术材料玩物　广告颜料是最适合儿童的一种颜料；粉末颜料；粘土；橡皮泥等。

文字材料教具　读写材料、文字道具等。

玩教具的选择和使用

选择　玩教具的选择注意一下几点：

- 适合儿童年龄特点
- 活动而且能变化的
- 手脑并用且有利于激发幼儿想象力和创造力的
- 质地坚固且不易损坏的
- 安全、能够洗涤的
- 造型优美且可以激发情感的

使用　玩教具的使用应注意的几个问题：

- 要不断更新
- 提供足够的场地
- 抓住契机进行随机教育
- 保证轻松、和谐、愉快的环境和气氛

小　结

0～3岁是人类一生中认知、记忆、语言发展的最佳时期，错过这个时期，其损失是无法弥补的。教育家指出，幼儿是以游戏为生命的，幼儿游戏是在使用教玩具中展开的。在幼儿眼睛里，教玩具是他们最亲密的伙伴，是天使；在父母和教育者眼睛里，教玩具是幼儿教育的教科书，是对幼儿进行教育的启蒙老师。认真为孩子选择适合他每个阶段的玩教具，认真地陪孩子玩适合他的游戏，是给宝宝成长最好的礼物，也是每个父母应尽的责任和义务。